ROWOHLT
BERLIN

Monika Plessner

Die Argonauten auf Long Island

Begegnungen
mit Hannah Arendt,
Theodor W. Adorno,
Gershom Scholem
und anderen

Rowohlt · Berlin

Umschlaggestaltung Walter Hellmann unter
Verwendung des Mittelbildes aus dem Triptychon
«Argonauten» von Max Beckmann, 1950.
Mit freundlicher Genehmigung
von Frau Maja Beckmann, Murnau

Lektorat Thomas Karlauf

1. Auflage März 1995

Gesetzt aus der Bembo (Linotronic 500)
Gesamtherstellung Clausen & Bosse, Leck
Printed in Germany
ISBN 3 87134 220 3

Die Argonauten auf Long Island

Inhalt

Vorwort

Während eines Empfangs, den die New Yorker «New School for Social Research» im September 1962 auf Long Island für ihren ersten Theodor-Heuss-Professor, Helmuth Plessner, gab, stand ich eine Weile allein und betrachtete das Gruppenbild vor mir: ein Fest, Willkommen und Wiedersehen. Die Gäste: deutsche Emigranten, Gelehrte, Schriftsteller, Künstler, die seit vielen Jahren in New York lebten. Dr. Alvin Johnson, Gründer der New School, der ihnen zu neuem Wirken verholfen hatte, nannte sie seine «Argonauten».

Ich glaube nicht, daß ich an den antiken Mythos dachte, als ich diese Argonauten mit ihren Damen vor mir hatte. Ohne noch zu wissen, warum, sah ich sie dennoch mit anderen Augen. Vor einer leeren Wand mir gegenüber saß, allein wie ich, ein alter Mann. Er sah müde aus und stützte sich mit beiden Armen auf eine Küchenleiter. Es muß diese Leiter gewesen sein, auf deren Sprossen ein Déjà-vu-Erlebnis aus der Tiefe aufstieg: Das Gruppenbild, das ich betrachtete, verwandelte sich in Max Beckmanns letztes Triptychon «Die Argonauten».

Beckmanns Atelier in Amsterdam war nach dem Einmarsch der Deutschen ein Ort, an dem Helmuth in aller Vorsicht manchmal andere Emigranten treffen konnte, so seinen Studienfreund, den Filmregisseur Ludwig Berger, oder den Schriftsteller Wolfgang Frommel. Dreißig Jahre nach dem Fest auf Long Island schickte mir ein junger Verehrer von Frommel ein Reclambändchen: «Max Beckmann. Die Argonauten» von Erhard Göpel. Im Anhang gibt Göpel, der die Entstehungsgeschichte des Triptychons bis ins Detail verfolgt hat, Wolfgang Frommel das Wort. In Form eines Briefes schildert dieser sein «Argonautenerlebnis» mit Beckmann. Der Maler sei der Ansicht gewesen, so Frommel, er habe mit seinem Œuvre «den Grundgehalt seiner Epoche zu totalem Ausdruck gebracht». Frommel widersprach. Darauf Beckmann: «Und was fehlt nach Ihrer Ansicht? Was gibt es noch nach Ihrer Ansicht?» Antwort: «Uns.» Beckmann: «Und was verstehen Sie unter ‹uns›?» Frommel: «Ich verstehe darunter das, was das Leben meiner Freunde bestimmt und vielleicht nicht nur das ihre. Oder sagen wir es mythologischer, deutlicher: die Argonauten.»

Beckmann hat das Triptychon erst 1949 in Amerika begonnen. Im Tagebuch nennt er es «Die Künstler» – bis zum 9. Dezember 1950. In der Nacht vorher hatte er einen Traum, den er als Todesahnung empfand. In einem Brief an Göpel vom 26. April 1951 erzählt Quappi Beckmann dem Freund: «Am Morgen sagte er mir, er hätte von den Argonauten geträumt, nicht von der Legende, aber von den Gestalten auf seinem Bild. Auf meine Frage, was es gewesen sei, sagte er nur: ich weiß nicht mehr genau – es war nur sehr unheimlich – toll – sie sind einfach auf mich zugekommen (die Figuren) – sowas hab ich noch nie erlebt.» Seit dem 9. Dezember 1950 heißt das Triptychon im Tagebuch «Die Argonauten». Beckmann hat es am 26. Dezember 1950, am Vorabend seines Todestages, beendet.

Wahrscheinlich sind alle Argonauten, denen ich in 34 Jahren des Zusammenlebens mit einem von ihnen, Helmuth Plessner, begegnet bin, lange tot. Einige, von denen ich im folgenden erzähle, sind längst Idole einer jüngeren Generation geworden. Ohne ihre schöpferische Leistung würdigen zu können, habe ich sie in ihrer Menschlichkeit auftreten lassen, so wie ich sie erlebt habe, einen jeden an jedem neuen Tag, den er, lachend und weinend, der Vertreibung abgetrotzt hat. Idole sind leblos. Aber Lachen und Weinen sind Monopole des Menschen.

Ein neuer Tag

Aus Lachen und Weinen ein neuer Tag» lautet die Widmung eines seiner Bücher, das Helmuth mir im Mai 1952 schenkte. Heute weiß ich, daß dem neuen Tag eine lange Dämmerung vorausgegangen war, die mit meiner Flucht aus Breslau Ende Januar 1945 begonnen hatte. Meine beiden kleinen Töchter und ich fanden Zuflucht bei einer Freundin in Thüringen. Ihr Mann, Hans Urban von Hirschfeld, starb in der Nacht nach unserer Ankunft an den Folgen eines Verhörs durch die Gestapo. Er hatte das Bewußtsein nicht wiedererlangt.

Im April kamen wir in Lemgo in Lippe, der Heimat meines ersten Mannes, an. Sein Vater, Lebensmittelgroßhändler, hatte ein Puddinglager für uns räumen lassen. Die Kinder, vier und acht Jahre alt, und ich haben darin über fünf Jahre lang gewohnt. Ihr Vater, Kunsthistoriker und Maler, zog nach Göttingen, sobald die Universität den Betrieb wiederaufnahm. Von Oktober 1945 an haben wir bei gutem

Einvernehmen keinen gemeinsamen Haushalt mehr geführt.

Vom 4. Januar 1950 an leitete ich die Volkshochschule der Stadt Lemgo. Gleich nach der Währungsreform hatte ich ein Modell entworfen, das Erwachsenenbildung bis ins letzte Dorf des ehemaligen Fürstentums Lippe-Detmold tragen sollte. Die kultur- und bildungspolitische Studie, die ich den Bürgermeistern und Landräten, dem Landesverband Lippe in Detmold und dem Kultusministerium in Düsseldorf einreichte, fand Anklang. Nur verlangte der Regierungspräsident von Detmold-Minden, Heinrich Drake, der in Personalunion Vorsteher des Landesverbandes Lippe war, ein wissenschaftliches Gutachten. Dr. Karl Pfauter, Kulturdezernent und Volkshochschulleiter in Göttingen, verschaffte mir einen Termin bei dem aus der Emigration zurückgekehrten Professor für Soziologie und Philosophie, Helmuth Plessner. Bevor ich ihn aufsuchte, schickte ich ihm eine Kopie meiner Studie.

Der Sturm der Befreiung hatte die ehrwürdige Georgia Augusta zwar kräftig geschüttelt. Aber 1951 wirbelte noch viel braunes Laub durch ihr Gehege. Um die Besetzung des neu geschaffenen Lehrstuhls für Soziologie war lange gerungen worden. Als Frucht der Aufklärung und der Republik war das Fach keineswegs jedermanns Sache. Die Berufung des 1933 aus Köln vertriebenen Philosophen Plessner war ein Kompromiß zwischen Streitern, die so gegensätzliche Geister beschworen wie Hans Freyer und Eugen Rosenstock-Huessy.

Das erste soziologische Institut lag im Hochparterre des Auditoriengebäudes an der Weender Straße. Es bestand aus zwei einfenstrigen Räumen, offenbar hatte man eine Wand durch einen kleinen Hörsaal gezogen. Im vorderen Raum stand ein Tisch für etwa zwölf Personen. An den Wänden gähnten leere Bücherregale. Eine junge Frau, die Sekretärin, begrüßte mich: «Der Herr Professor erwartet Sie. In einer halben Stunde beginnt sein Kolleg.» Das Zimmer, in das sie mich führte, war noch kleiner als das erste. Es wurde fast ausgefüllt von einem mächtigen Schreibtisch, dessen Platte wie ein gespannter Bogen geformt war. Die tiefstehende Sonne blendete mich, so daß ich nur die Umrisse des Herrn hinter dem Schreibtisch erkennen konnte. «Wechseln wir die Seiten», sagte er – ein Vorschlag, damals noch undenkbar bei einem «ordentlichen» deutschen Professor im Amt. Mir war, auf der anderen Seite des Schreibtischs, als befände ich mich in einem anderen Land.

Der Professor hatte sein Gutachten schon nach Detmold geschickt und, so erzählte er, sich selbst vorsorglich zur Gründungssitzung angemeldet. Während er über meine Arbeit sprach, fiel mein Blick auf ein Ölgemälde, das auf dem Fußboden an einem Wandschrank lehnte: das Brustbild eines Mannes in braunem Jackett vor grünem Hintergrund. Die gleichgültigen Augen waren ins Unbestimmte außerhalb des Rahmens gerichtet. Statt des rechten Unterarmes ruhte ein toter Fisch auf der Stuhllehne. «Beckmann?» fragte ich. Der Professor nickte, sah mich etwas verwundert an, zögerte einen Moment und begann zu erzählen. Er sei oft in Amsterdam bei Beckmann gewesen, in dessen Atelier zahlreiche deutsche Emigranten verkehrten. Das Bild des Mannes mit dem Fischarm habe er am Tag der Befreiung Amsterdams gegen einen kleinen Brillanten eingetauscht, seinen «letzten Heller», den er immer im Brustbeutel bei sich trug. Übrigens habe Beckmann ihn im Auftrag holländischer Freunde porträtieren sollen. Aber dazu war es nicht mehr gekommen, weil der Maler nach St. Louis berufen wurde.

Dann erzählte ich: vom Kunsthändler Wiese im Riesengebirge, bei dem sich manche Gesinnungsgenossen getroffen hatten. Er war als Museumsdirektor in Breslau entlassen worden, weil er sich in seinem Eintreten für die «entartete» Kunst nicht beirren ließ. Ich hatte in seinem Antiquitätengeschäft in Hirschberg ein Selbstbildnis von Beckmann erstanden, eine Kaltnadelradierung. Sie ist in Breslau geblieben und hat hoffentlich einen polnischen Liebhaber gefunden. Herr Plessner sah, während er mir zuhörte, nachdenklich aus dem Fenster. So hätte Beckmann ihn malen können. Merkwürdig, wie ähnlich sein Kopf dem auf meiner verlorenen Kaltnadelradierung sah. Draußen lag ein verkrauteter Behördengarten. Die Sonne stellte seine Freudlosigkeit erbarmungslos bloß.

Plötzlich sprang er auf: «Das Kolleg. Es ist höchste Zeit.» Erst jetzt sah ich, daß der rechte Arm verkürzt, die Hand kleiner, die Schulter schmaler war.

Er mußte einen sehr geschickten Schneider haben. «Darf ich mit ins Kolleg kommen?» fragte ich. Wir stiegen zusammen die Treppe zum Auditorium maximum hinauf.

Er las im Wintersemester 1951/52 «Einführung in die Soziologie» und «Philosophische Anthropologie». Die soziologische Vorlesung war so überfüllt, daß ich nur noch ganz oben in der hintersten Reihe Platz fand. Die Studenten, die Hitlerjugend, Krieg, Lazarett, Gefangenschaft hinter sich hatten, drängten zu den Vorlesungen, viele in der Hoffnung, Klarheit über ihre aus den Fugen geratene Existenz zu gewinnen. Auch vor mir öffnete sich ganz neues Gelände, besonders in der philosophischen Vorlesung. Die Leibhaftigkeit des Menschen, seine Eingebundenheit in Natur und Lebenswelt, seine Sonderstellung in der Vielfalt der Arten – all das war in der Klosterschule und im Studium der Kunstgeschichte kein Thema gewesen. Auch die Art des Vortrags war neu. Ich hatte noch nie einen Dozenten erlebt, der ganz ohne Manuskript auskam. Dieser sprach frei und unpathetisch. Hin und wieder griff er nach einem Zettel mit Quellenangaben oder nahm ein Buch von dem Stapel neben dem Katheder. Eine solche Vortragsweise schafft direkten Kontakt zu den Hörern. Kant, Hegel und Marx, Herder und Husserl schienen selbst zu sprechen und einzugreifen in die Auseinandersetzungen der Gegenwart.

Während er sprach, prägte sich mir das Äußere des Vortragenden ein. Er war etwas über mittelgroß und stämmig, hatte eine gesunde braune Farbe und glänzende dunkle Augen. Der Haarkranz, unterbrochen von weit abstehenden Ohren, war weiß gesprenkelt. Die breite Stirn über großzügigen schwarzen Brauen verlief kantenlos auf dem kahlen Schädel. Das breite Gesicht, beherrscht von den Augen – daß ihr Schnitt die Herkunft von sephardischen Juden verriet, lernte ich erst später –, verjüngte sich drastisch in der unteren Hälfte. Der schmallippige Mund mit den beweglichen Winkeln verriet Menschenfreundlichkeit und Skepsis, aber auch Genußfähigkeit und Humor. Die Körperhaltung war erstaunlich gleichbleibend. Der rechte Arm stützte sich angewinkelt auf das Katheder, während der linke gestikulierte. Als wir uns besser kannten, erzählte Helmuth mir, daß ihm ein väterlicher Freund, der Philosoph Nikolai Hartmann, den Rat gegeben habe, sich im Kolleg möglichst wenig zu bewegen und den Studenten immer frontal gegenüberzustehen. Einen anderen Rat Hartmanns hat er allerdings nicht befolgt: immer denselben, möglichst dunklen Anzug in der Vorlesung zu tragen – «Ich mag halt keine Uniformen».

Nach dem Kolleg bat er mich noch einmal in sein Zimmer. Er wirkte etwas befangen, als er sagte, er habe vorhin vergessen, mich etwas zu fragen. Ob ich zufällig in Lemgo die Brüder Fritz und Carl Wagener kenne. Sie seien Vettern von ihm, Söhne einer Schwester seiner Mutter, die aus Schaumburg-Lippe stammte. Seit 1933 habe er zwar nichts mehr von ihnen gehört, aber... Ich spürte, worauf er hinauswollte. Über Fritz Wagener konnte ich nichts berichten. Um so mehr über Carl, den Fraktionsführer der CDU im Kreistag. Er hatte mir tatkräftig beim Aufbau der Volkshochschule geholfen. Die ersten Programme hatte mir seine Druckerei umsonst geliefert, und auch jetzt setzte er sich für das neue Projekt ein. Mein Gegenüber sah wieder nachdenklich aus dem Fenster, sprang dann auf und fragte, ob ich Herrn Wagener ein paar Zeilen von ihm überbringen würde. Aber selbstverständlich.

Allerdings wohnte ich seit Anfang Oktober nicht mehr in Lemgo, sondern pendelte zwischen Detmold, Lemgo und Göttingen hin und her. Mein Schwiegervater, dem meine Arbeit noch suspekter war als die seines aus der guten, alten Kaufmannsart geschlagenen Sohnes, hatte uns das Puddinglager gekündigt. Die Kinder, mittlerweile zehn und vierzehn Jahre alt, waren daraufhin zu ihrem Vater gezogen. Hatte er sie bisher in Lemgo besucht, so besuchte nun ich sie in Göttingen. Für die Leitung der Volkshochschule hatte ich zum Jahreswechsel einen Nachfolger gefunden, so daß ich mich ganz der neuen Aufgabe widmen konnte. Fürs erste wohnte ich bei Freunden in Detmold, von wo ich alle Kleinstädte und Dörfer meines Gebietes bequem per Bahn und Bus erreichen konnte.

Die frischgeknüpften verwandtschaftlichen Bande zwischen Herrn Plessner und dem Hause Wagener in Lemgo entwickelten sich offenbar so erfreulich, daß ich ihn hin und wieder auf dem Bahnhof in Detmold traf und die komplizierte Fahrt nach Göttingen – man mußte damals noch dreimal umsteigen – mit ihm zusammen machte. Auch in Göttingen sahen wir uns: im Deutschen Theater mit Heinz Hilpert, Hellmut Henrichs, Erich Ponto, Johanna Terwin-Moissi, Elisabeth Müller – Bekanntschaften, dank derer im Sommer 1951 Hofmannsthals «Jedermann» auf dem mittelalterlichen Marktplatz von Lemgo aufgeführt worden war.

Am letzten Adventssonntag gab mein Mann eine kleine Gesellschaft, zu der er auch Herrn Plessner einlud. Die anderen Gäste waren «Mama» Oncken, Witwe des Historikers Hermann Oncken, mit Tochter Alste, einer Freundin von mir, und Schwiegersohn Rudolf Horn, dem Göttinger Archäologen.

Das übliche Getränk in dieser bescheidenen Zeit war Cinzano, zu dem es fast überall selbstgebakkene Waffeln gab. Ich fand in der Küche kein Waffeleisen und entschuldigte mich. Herr Plessner atmete auf und sagte: «Die Waffeln nieder.» Der Abend fing gut an. Mama Oncken, eine vitale Siebzigerin, ihres Mutterwitzes wegen bewundert und gefürchtet, weil sie nie ein Blatt vor den Mund nahm, schien sich wohl zu fühlen und in Herrn Plessner einen ebenbürtigen Gesprächspartner zu sehen. Nach einem besonders gelungenen Ballwechsel mit ihm lehnte sie sich erschöpft zurück und rief: «Kinder, bei euch ist es wieder wie früher in Berlin.» Ich dagegen kannte meinen ernsten Reisegefährten kaum wieder. Gewiß, die Fragen, die uns Deutschen auf den Nägeln brannten, waren kein Gesprächsstoff für einen solchen Abend. Aber war es denn wirklich, konnte es denn je wieder sein «wie früher in Berlin»?

Daß Herr Plessner absichtlich jeglichem Ernst auswich, merkte ich erst, als Herr Horn mich, weniger interessiert als höflich, nach dem Fortgang meiner Arbeit in Lippe fragte. Mama Oncken gähnte verstohlen. Ich erzählte, daß ich tüchtige Mitarbeiter für die vorgesehenen wirtschaftswissenschaftlichen, soziologischen und politischen Kurse gefunden hatte. Frau Oncken sah mich empört an: «Politik gehört nicht in die Volkshochschule!» Mein Mann sekundierte vorwurfsvoll: «Du bist doch Kunsthistorikerin.» Er saß auf einer alten Truhe und wippte mit den Füßen. Über seinem Kopf hing ein Aquarell, das Josef Hegenbarth ihm geschenkt hatte: Pfauen auf einer Stange, grüne, braune, schwarze und goldene Augen auf dem Schwanzgefieder, das gefaltet herabhing.

Ich wollte gerade etwas zu meiner Verteidigung sagen, als ich noch rechtzeitig einen warnenden Blick von Herrn Plessner auffing. Wie zufällig legte er einen Finger an den Mund und schüttelte den Kopf. Ich schwieg. Er bewunderte das Aquarell und lenkte dann das Gespräch geschmeidig auf einen Roman, der in Göttingen gerade die Runde machte: «Der Blaue Kammerherr». Mein Mann war entzückt. Der Autor, Wolf von Niebelschütz, war ein Freund von ihm.

Beim allgemeinen Aufbruch dann geschah noch etwas Sonderbares. Während der Hausherr die Familie Oncken die Treppe hinunter geleitete, kramte Herr Plessner umständlich in den Taschen seines Überziehers. Schließlich fand er das Gesuchte, einen Brief, und übergab ihn mir. «Würden Sie die Güte haben, das für mich zu expedieren?» fragte er förmlich. Warum ich? Er würde auf dem Weg in sein Domizil an mehreren Briefkästen vorbeikommen. Überdies wollte er in den nächsten Tagen nach Holland fahren. Der Brief war an eine Dame in Groningen gerichtet.

Nach den Weihnachtsferien besuchte mich Heinz Kühn in Detmold. Der spätere Ministerpräsident von Nordrhein-Westfalen war damals Starredner der SPD im Landtag, verantwortlich für die Kulturpolitik der Opposition. Wir kannten uns aus Detmold, wo ich im Winter 1949 an einem von ihm geleiteten Gespräch über neue Wege der politischen Bildung teilgenommen hatte. Er hatte Helmuth Plessners Gutachten über mein Projekt gelesen, kannte aber noch etwas ganz anderes von ihm: ein verschollenes Buch, «Das Schicksal deutschen Geistes im Ausgang seiner bürgerlichen Epoche», 1935 in der Schweiz erschienen. Kühn hatte es als Emigrant in Belgien in die Hände bekommen. Wenn es nach ihm ginge, sagte er, würde es Pflichtlektüre in der Oberstufe aller höheren Schulen. Im Laufe des Abends – wir aßen zusammen im «Lippischen Hof» – bot er mir an, mich als Nachfolgerin des Dezernenten für Erwachsenenbildung und Volksbüchereien im Kultusministerium in Düsseldorf vorzuschlagen. Der jetzige Amtsinhaber, ein Oberregierungsrat, stehe kurz vor der Pensionierung. Verdankte ich diese Anerkennung dem Gutachten? Als ich Herrn Plessner beim nächsten Zusammensein von der Aussicht, nach Düsseldorf zu gehen, erzählte, sagte er ungläubig: «Aber das kann doch nicht Ihr Ernst sein.»

Mitte Februar endete das Wintersemester. Mein Mann fuhr wie in allen Universitätsferien nach Italien zum Arbeiten in Museen und Archiven und zum Zeichnen an die ligurische Küste. Für mich hieß das, sehr viel mehr in Göttingen bei den Kindern zu sein. An einem Nachmittag im März rief Herr Plessner an und schlug einen Spaziergang vor. Warum er denn nicht wie in den Weihnachtsferien nach Holland gefahren sei, fragte ich. Ach, er wolle seine Arbeit jetzt nicht unterbrechen. Er schrieb gerade einen Aufsatz für die Festschrift zu Karl Jaspers' 70. Geburtstag: «Über Menschenverachtung». Warum ein so tristes Thema, wunderte ich mich. Ja, warum? Pause. Danach: «Ich finde es nicht trist.»

Wir gingen durch kahle Wälder zum Kerstlingröder Feld, das damals Truppenübungsplatz war. In den Furchen, die die Kettenfahrzeuge gezogen hatten, standen ölige Lachen. Am Waldrand blühte violett ein Seidelbastbusch. Mein Begleiter wollte ihn ganz nahe sehen, machte einen großen Schritt, glitt aus und fiel auf den Rücken. Ich wollte ihm aufhelfen. Er winkte ab. Ich ging weiter, bis er sich trotz des steifen Armes allein aufgerichtet hatte. Sein Hut blieb im Gestrüpp hängen. Ich bewunderte seinen

Galgenhumor: Auf den Schreck hin müsse ich eben unbehütet mit ihm «bon essen» gehen. Vom «Rhons» – damals ein Nobelrestaurant – rief ich zu Hause an. «Hab's schön, Mammi.»

Der Kellner kannte ihn offenbar. Der verdreckte Überzieher verschwand und kam sauber und trokken wieder. Wir setzten uns an einen Fenstertisch. Unten gingen langsam die Lichter der Stadt an. Noch kein Hochhaus, kein «blauer Turm», kein Neues Rathaus. Wir bestellten Wiener Schnitzel und Moselwein. Herr Plessner trank mir zu: «Auf unser erstes Abendessen zu zweit.» Zum Kaffee zündete er sich eine Zigarre an, Marke Willem Twee aus Holland.

An diesem Abend fragte ich ihn zum ersten Mal nach seiner philosophischen Anthropologie. Was ich zuerst lesen solle. «Wohl doch die ‹Stufen des Organischen›», meinte er. Er sei da nämlich vielleicht auf ein paar neue Gedanken gekommen. «Na ja, neu ...» Und dann entwickelte er mir den Gedankengang seines Hauptwerkes: die Bedeutung der Grenze zwischen dem Lebewesen und seiner Umwelt; das unterschiedliche Verhältnis zur Umwelt bei Pflanze, Tier und Mensch; die «exzentrische Positionalität» des Lebewesens Mensch und dessen Sonderstellung unter allen Organismen; die drei Merkmale, die ihn auszeichnen und zwingen, sein Leben zu «führen»: vermittelte Unmittelbarkeit, natürliche Künstlichkeit und der utopische Standort. Es klang alles so selbstverständlich, so einfach. «Das ist es ja auch», sagte er, und dann: «Wissen Sie, weshalb ich Philosoph geworden bin?» Er hob den rechten mit dem linken Arm auf den Tisch: «Deshalb!»

Vierzehn Tage später wurde in Detmold «Das Lippische Volksbildungswerk» statuiert. Außer dem Vertreter des Kultusministeriums, Herrn Plessner und mir waren alle Anwesenden Lipper. Entsprechend nüchtern war der Festakt. Der eingetragene Verein unter dem Schutz des Lippischen Landesverbandes und der Schirmherrschaft seines Präsidenten hat fast dreißig Jahre bestanden.

Am nächsten Morgen, einem Sonntag, trafen wir uns wieder auf dem Bahnhof in Detmold. Herr Plessner hatte bei Wageners in Lemgo übernachtet. Wir stiegen in ein leeres Abteil und setzten uns ans Fenster. Nach dem Tunnel bei Altenbeken lag das Lipperland hinter uns. Als der Zug die Weser überquerte, holte mein Reisegefährte eine kleine Fotografie aus der Tasche, die, abgegriffen und verblaßt, eine junge Frau darstellte: hochbrüstig, bis zum Hals zugeknöpft, Cul de Paris, die Gesichtszüge kaum auszumachen. «War sie nicht bildschön, meine Mutter?» Er gab mir das Bild in die Hand. Ich betrachtete es. Es blieb Umriß und Schatten. Er nahm es mir ab, sah mich ruhig an und fragte: «Wollen Sie nicht meine Frau werden?»

Wir heirateten am 6. Dezember 1952 in Frankfurt.

Der sechzigste Geburtstag

Am 4. September 1952 fuhren wir morgens von Frankfurt – ich arbeitete seit einem Monat im Institut für Sozialforschung – nach Wiesbaden, um dort, nur wir zwei, Helmuths sechzigsten Geburtstag zu feiern. Als wir aus dem Bahnhof ins Freie traten, zog er den Hut, winkte den fernen Taunushügeln zu und sagte: «Darf ich vorstellen?» Um nur keine innere Bewegung zu zeigen, machte er mich auf diese Weise mit seiner Heimat bekannt.

Nach dem hektischen Frankfurt mit seinen Ruinen war das heile Wiesbaden zunächst ein Augentrost. Die Wilhelmstraße war noch menschenleer. Vor dem Café Blum deckte ein Kellner eben die Tische. Wir frühstückten in der Morgensonne. Mit der ersten Zigarette wies Helmuth auf das Theater gegenüber: «Da habe ich zum ersten Mal die ‹Meistersinger› gesehen. Und als ich sieben Jahre war, hab ich auf der anderen Straßenseite gestanden, als der

Kaiser mit seinem Gefolge durch die Wilhelmstraße ritt.»

Allmählich füllte sich das Café: amerikanische Offiziere mit ihren Damen, neudeutsche Schickeria, Geschäftsleute mit Aktentaschen und Zeitungen. Ein bejahrtes Paar – er mit Monokel, sie mit Nerzstola und violetter Frisur – studierte die Speisekarte. Helmuth sprang auf: «Komm, laß uns gehen.» Auf dem benachbarten Platz, wo die «größte Kuckucksuhr der Welt» steht, ächzte der Vogel, dick wie ein Truthahn, gerade die volle Stunde. Ich blieb vor der Auslage eines Lederwarengeschäfts stehen: Krokodilledertaschen, Kosmetikköfferchen, Gürtel aus Schlangen- und Eidechsenleder; gegenüber Spielwaren für kleine Dollarprinzen und -prinzessinnen. Helmuth drängte: seine «alte Penne», die schöne neugotische Backsteinkirche, in der er konfirmiert wurde, die noble Residenz der Hessen-Nassauer, in der jetzt Georg August Zinn als Landesvater waltete. Die großen Hotels im Kurviertel, «Die Rose» und der «Schwarze Bock», waren noch fest in Besatzungshand. Das «Palace», in dem Displaced Persons untergebracht waren, sah heruntergekommen aus. Um das Quellenhaus wogten heiße gelbe Dämpfe. In der Filiale der Dresdner Bank an der Taunusstraße war Helmuth um seine letzten 8000 Mark betrogen worden. Ein Angestellter hatte versprochen, sie ihm selbst nach Holland zu bringen. Weder er noch das Geld sind angekommen. Als der braune Spuk vorüber war, erinnerte sich niemand an den Angestellten.

Im Eckhaus Taunusstraße/Wilhelmstraße hat Dr. med. Fedor Pleszner, Helmuths Vater, zuletzt praktiziert. Im Stockwerk darüber wohnte der Gymnasiallehrer Kothe, mit dessen Söhnen, Zwillingen, Helmuth in dieselbe Klasse gegangen war. Gegenüber klaffte eine der wenigen Wiesbadener Baulücken, die die siegreichen Bomber hinterlassen hatten. Die Hauswand daneben war mit einer bunten Reklame beklebt: einer monumentalen Sektflasche, aus der schmutziger brauner Schaum sprudelte. «Loreley Extra Cuvée», sagte ich angewidert. «Pardon Madame», Helmuth lachte und griff nach der unsichtbaren Kappe eines Hotelpagen: «Thomas Mann hätte unsere Hausmarke empfehlen sollen.»

Am Eisengitter entlang, das die Sonnenbergerstraße zum Kurpark abgrenzte, gingen wir zum ehemaligen Sanatorium Dr. Pleszner, in dem Helmuth die ersten zwanzig Lebensjahre verbracht hat. Das noble weiße Haus wirkt durch seine ausgewogenen Proportionen kleiner, als es ist. Erst von der Rückseite, vom Kurpark aus sieht man, wieviel Platz es für die Kranken hatte. Auf den Veranden und Balkonen standen wie früher bunte Liegestühle und aufgespannte Sonnenschirme, und im Garten wehten die Kiefern, die Helmuth als Kind mit gepflanzt hatte, majestätisch im Septemberwind. Aber der Eindruck, es hätte sich nichts verändert, täuschte. Das Haus bestand jetzt aus vielen kleinen Mietwohnungen. Und die Hausnummer 11 a war durch jene

13 ersetzt worden, die man früher einem Sanatorium nicht zumuten konnte.

Helmuth zeigte mir, zu welchen Räumen die Fenster gehört hatten. Im Hochparterre gleich beim Haupteingang lagen Praxis und Wartezimmer. Ganz oben neben den Zimmern der Angestellten hatte er seine «Bude» gehabt. In den beiden Geschossen darunter und in der Beletage neben den Gesellschaftsräumen hatten die Patienten gewohnt. Im Keller lagen Küche und Anrichte und vor allem die Bäder. Das Wasser der Heilquelle mußte täglich in Fässern herbeigeschafft werden. Die Patienten waren zu anspruchsvoll, um die dafür vorgesehenen öffentlichen Einrichtungen zu benutzen. Die meisten kamen Jahr für Jahr: aus England, Rußland, Amerika. An einige erinnerte sich Helmuth noch: an Mrs. Townsend, die Frau eines hohen Kolonialbeamten, an Miss Alma French, eine reiche, gemütskranke Amerikanerin, an einen russischen Fürsten, der ständig Angst vor Meuchelmördern hatte, an einen malariakranken holländischen Pflanzer aus Indonesien und an einen schnauzbärtigen Australier, der ihm einmal zu Weihnachten die sämtlichen Werke von Conan Doyle schenkte.

Sobald der Sohn des Hauses dem Schutz der Kinderfrau entwachsen war, durfte er mit an der Table d'hôte essen. Einziges Gebot: Kinder sprechen bei Tisch nur, wenn sie gefragt werden. Freilich! Aber um so besser hören sie zu. Während 20 bis 25 Gäste deutsch, französisch, englisch durcheinander parlierten, muß sich Helmuths Ohr so geschärft haben, daß er später beliebige Akzente nachahmen konnte. «Du sprichst nur *aus*», klagte sein Vater, wenn die Noten in Französisch und Englisch zu wünschen übrigließen. Dafür wurde er später, wohin immer wir kamen, für einen Einheimischen gehalten. Und wenn er mir eine seiner Glanznummern, «Diner im Sanatorium», vorspielte, einen tabakkauenden alten General oder ein altes Mädchen mimte und entsprechend urig brummte oder zimperlich säuselte, mußte ich immer wieder Tränen lachen.

Dabei war Helmuth nicht etwa ein brillanter Erzähler. Eine Begebenheit, die nicht zur Anekdote gerann, war des Erzählens nicht wert. Wichtig war die Pointe, und selbst die kam ohne stützende Mimik nicht aus. Wenn ich ihn bat, etwas zu schildern, zögerte er, begann... und sah dann ins Weite. Er hatte etwas vor Augen; aber wie daraus Worte machen? Die Anekdote darf, muß sogar überspitzen, sonst zerfasert der Stoff. Episch dagegen hat er sein Eigenleben und besteht darauf. Schwierig, schwierig. Ganz besonders, ja unmöglich, geliebte Menschen zu beschreiben: Vater und Mutter, die Kinderfrau, einen Jugendfreund, die erste «Gespielin». Helmuth konnte sie sprechen, lachen, gestikulieren lassen. Beschreiben konnte er sie nicht.

An seinem 60. Geburtstag standen wir lange im Kurpark und betrachteten schweigend das einstige Sanatorium. Der Bach, der sich durch den Park zieht, glitt lautlos vorbei. Die ersten goldenen Ahornblätter ließen sich von den Wellen in den Herbst tragen: «Komm, laß uns gehen.»

Im «Fürstenhof» auf der anderen Seite der Sonnenbergerstraße nahmen wir ein «Gabelfrühstück» – so hieß das im Sanatorium. «Hier hat Tilla Durieux gewohnt.» – «Hast du sie gekannt?» – «Natürlich. Sie war doch mit der Trude befreundet.» Die Trude, Dr. rer. pol. Gertrud Laquer, die erste und älteste «Gespielin». Einen Steinwurf oberhalb des Hotels an der Wilhelmshöhe steht das Haus, das Helmuths Mutter als Witwe bewohnt hat. Nach dem Krieg fand er ihre – und seine – letzte Wiesbadener Bleibe verwüstet vor. Displaced Persons hatten das Mobiliar zertrümmert und den Kamin mit Manuskripten, Akten, Briefen, Büchern, Sonderdrucken geheizt. Daß sie sich für das an ihnen begangene Unrecht an einem Leidensgenossen rächten, wußten sie nicht.

An der Wilhelmstraße nahmen wir die Straßenbahn zum Nordfriedhof, wo Helmuths Eltern begraben sind. An pompösen Grabmälern, versteinerter Trauer – «Schau heimwärts Engel» – vorbei führt der Weg zum Urnenhain. Das kleine Geviert liegt unter einem gewaltigen Nadelbaum, dessen Wurzeln sich nach allen Richtungen durch den Boden gezwängt haben. Der graue Stein war grünlich bemoost, die Schrift schwer leserlich:

Dr. med. Fedor Pleszner. 4. I. 1861 – 25. IV. 1933

Elisabeth Pleszner geb. Eschmann. 25. VIII. 1859 bis 3. IX. 1941

«Gestern also hatte deine Mutter Geburtstag?» Helmuth nickte. Daß sie älter als der Vater und schon 33 Jahre alt war bei seiner Geburt, erfuhr ich erst jetzt.

Von Elisabeth Pleszner kann ich mir noch heute kein klares Bild machen. Die Rollen, die die Gesellschaft ihr zugewiesen hatte, verdecken ihre Persönlichkeit. Dabei scheint sie energisch an der Dramaturgie ihres Lebens mitgewirkt zu haben. Statt nämlich in der kleinen Residenzstadt Bückeburg zu vertrauern, in der sich bis über ihr dreißigstes Jahr hinaus kein Freier einstellte – zwei Schwestern hatten längst «gute Partien» gemacht –, wurde sie (auf eine Annonce hin?) Gesellschafterin einer reichen jüdischen Dame in Wiesbaden, bei der sie den Arzt Fedor Pleszner kennenlernte, damals Leiter einer der großen Wiesbadener Kuranstalten. Das kränkliche, alternde Fräulein Ottilie Herz hat der Gesellschafterin die Hochzeit ausgerichtet. Ob Eltern und Schwestern samt Ehemännern daran teilnahmen, ist nicht überliefert. Daß das Fräulein Herz dem Freier keine ausgeprägten wirtschaftlichen Talente zutraute, läßt sich aus dem Ehevertrag schließen, den die beiden Hochzeiter am 28. Oktober 1891 vor einem anderen Träger des Namens Herz, dem Notar Dr. jur. Bernhard Herz in Wiesbaden, unterzeichneten. Daß Helmuths Eltern danach, anders als üblich, in Gütertrennung lebten, daß Dr. Fedor Pleszner sich zwar verpflichtet hatte, für den Unterhalt seiner Frau aufzukommen, aber keinerlei Verfügungsrecht über ihr Vermögen und dessen Verwaltung erhielt, hat Helmuth erst aus dem vergilbten Dokument erfahren, das sich im Nachlaß seiner Mutter fand.

Dennoch hat er mir nie recht glauben wollen, daß seine Mutter ihren Zeitgenossinnen voraus war. Als

Inhaberin des Sanatoriums, mit dessen Bau bald nach der Eheschließung begonnen wurde, als ihre eigene Vermögensverwalterin und als Leiterin eines komplizierten Großhaushaltes mit zahlreicher Dienerschaft und labilen, verwöhnten Patienten war sie um die Jahrhundertwende eine berufstätige, selbständige Frau. «Das hätte man ihr aber doch ansehen müssen», sagte Helmuth kopfschüttelnd. «Sie war immer so ausgeglichen und charmant.» Elisabeth Pleszner muß sehr lebensklug gewesen sein. Was sie tatsächlich leistete, hat ihr Bild als Mutter, Ehefrau, Dame offenbar nicht beeinträchtigt.

Ironischerweise hatte Helmuth die Züge, die als «jüdisch» gelten, von seiner Mutter: die gebogene, fleischige Nase, die schweren Lider, die dunkle Farbe von Haut und Augen. Da muß sich wohl ein genetisches Teufelschen im urgermanischen Cheruskerland Schaumburg-Lippe herumgetrieben haben. Der Mutter verdankte er auch die Neigung zur Fülle und des Lebens ernstes Führen, während die Statur, die Frohnatur und die Lust zu fabulieren zweifellos väterlich-ostjüdischer Herkunft waren. Vater Pleszner mit den blauen Augen und der hellen Haut sieht mit und ohne Bart, mit und ohne Uniform auf allen Bildern aus wie der geborene deutsche Hausarzt: heiter, warmherzig und würdevoll. Er könnte ohne weiteres der Bruder jenes Sanitätsrates Dr. Kellermann gewesen sein, dem ich als Kind so oft, zwischen seine einwandfrei arischen Knie gepreßt, die Zunge zeigen mußte.

Die Familie Pleszner stammt aus dem östlichen Oberschlesien und läßt sich bis in die Zeit vor der Emanzipation der Juden zurückverfolgen. Der Name läßt vermuten, daß es sich um Schutzjuden des Fürsten Plesz handelte. «Wir sind von der närrischen Linie», sagte Helmuths Vater. Der erste nachweisliche Träger des Namens, Isaak Salomon, gestorben 1746, war «Vorsteher der ober- und niederschlesischen Landjudenschaft» in Zülz, einem alten Zentrum chassidischer Frömmigkeit. Die beiden Generationen nach ihm waren noch 1933 durch Grabsteine in hebräischer und deutscher Schrift in Zülz nachgewiesen. Deutsche Urkunden gibt es erst für die Urgroßeltern: Salomon Pleszner, geboren 1801 in Zülz, und Minna geborene Schindler aus Laurahütte, wo dann die Großeltern, Samuel und Rosalie, geborene Karfunkelstein, 1831 heirateten. Kurz nach der Geburt ihres ältesten Sohnes, Fedor, sind sie nach Berlin gezogen.

Die Männer der Familien Pleszner und Karfunkelstein waren «Commissionäre», sprich Handlungsreisende. Zu Vermögen hat es keiner gebracht. Aber der Handel mit Tabakwaren, den Helmuths Großvater in Berlin betrieb, machte es doch möglich, daß der begabte Älteste Medizin studierte. Die Beziehungen, die Fedor und Elisabeth Pleszner zu ihren Eltern beziehungsweise Schwiegereltern in Bückeburg und Berlin pflegten, scheinen ohne Schärfe, aber kühl gewesen zu sein. Ob das an der «Mischehe» lag, ob die Juden in Berlin sich über die «goiische» Schwiegertochter, die Lutheraner in Bückeburg sich über den jüdischen Schwiegersohn gegrämt haben, ist nirgends aufgezeichnet. Immerhin war die Eheschließung eine Bekräftigung der bürgerlichen Assimilation der Juden im Kaiserreich, ein wie auch immer motiviertes Sich-hinweg-Setzen über antisemitische Vorurteile.

1893, ein Jahr nach Helmuths Geburt, hat sein Vater einen weiteren Schritt zu seiner völligen Integration getan: Er hat sich taufen lassen. Die Umstände, unter denen das geschah, lassen darauf schließen, daß er keinerlei Aufhebens davon machen wollte. Aus den Dokumenten, die Helmuth im Nachlaß seiner Mutter fand, geht hervor, daß der Vater nicht in Wiesbaden, sondern in dem kleinen Ort Grenzhausen im Westerwald von einem Pfarrer namens Zachariae getauft wurde. Zwei Monate später ließ er auch den noch nicht einjährigen Sohn von eben diesem Pfarrer in Grenzhausen taufen. Das Spiel, das in den «Geschichten, so unter uns ergangen sind» (Lukas 1,11), mit Namen getrieben wird, scheint von einem Dichter erfunden: Elisabeth, Zachariae, Grenzhausen. Für den Übertritt vom Alten zum Neuen Bund läßt sich kein Ort mit treffenderem Namen denken. Ob Fedor Pleszner daran gedacht hat? Sicher hat er an die Zukunft des Sohnes gedacht. Daß er sich nicht mit ihm zusammen, sondern zwei Monate vor ihm taufen ließ, kann nur bedeuten, daß er ihn als Sohn christlicher Eltern aufwachsen lassen wollte. Daß die Grenzüberschreitung dem Täufling nichts nützen würde, hat damals niemand auch nur ahnen können. Grenzhausen war

1893 noch kein «utopischer Standort». Helmuth hat von seiner jüdischen Herkunft erst als Schüler erfahren. Als er zu Hause einmal einen antisemitischen Witz kolportierte, nahm der Vater ihn mit in sein Sprechzimmer. Die Eröffnung, die Fedor Pleszner seinem Sohn dort machte, hat diesen nicht allzu tief beeindruckt.

«Wir müssen den Stein richten lassen», sagte Helmuth, der sich vergeblich mühte, mit dem Taschenmesser das Moos von den Initialen der elterlichen Namen zu kratzen. Wir haben das Grab in den 33 Jahren, die vor uns lagen, noch einige Male richten lassen. Das Moos kam immer wieder.

Die Sonne stand schon tief, als wir durch das Nerotal in die Stadt zurückgingen, vorbei an den Villen, in denen das Fräulein Ottilie Herz, der Dr. Benno Laquer, Vater der ersten «Gespielin», der Dirigent Otto Klemperer, mit dem Helmuth seit beider Kölner Zeit befreundet war, gewohnt hatten. Im Kurviertel angelangt, hielt ich mir die Hand vor die Augen. Die Dämpfe aus dem Quellenhaus, jetzt in den Regenbogenfarben des Sonnenuntergangs, behinderten den Blick. An der Taunusstraße gegenüber der Dresdner Bank ging Helmuth auf eine Tür zu, den Eingang zur einstigen Praxis seines Vaters. Er griff nach der Klinke. Die Tür blieb verschlossen. Er trat einen Schritt zurück und griff sich an die Stirn. Kein Messingschild mehr über dem Briefschlitz: «Dr. med. Fedor Pleszner. Innere Medizin und Nervenleiden». Wann Helmuth es hier zum ersten Mal gesehen hatte, wußte er nicht mehr. Kurz nach Kriegsausbruch vielleicht, als die Patienten des väterlichen Sanatoriums in panischer Angst nach Rußland, England, Amerika zurückgekehrt waren? «Weißt du denn, wann ihr umgezogen seid?» Er schüttelte den Kopf und pfiff leise: «Nie sollst du mich befragen».

Helmuth hatte sich 1914 zum Entsetzen des Vaters sofort als Freiwilliger gemeldet. Die Abfuhr in ihrer tragikomischen Taktlosigkeit: «Wenn Sie nicht grüßen können, können Sie auch nicht Soldat werden», hat ihn ebenso enttäuscht wie empört. Statt seiner wurde der Vater Soldat, Generaloberarzt, ausgezeichnet mit dem Eisernen Kreuz. Hat er die Praxis an der Taunusstraße vielleicht erst nach dem Krieg eröffnet? Wann das Haus an der Sonnenbergerstraße verkauft wurde, läßt sich im Grundbuchamt feststellen. Und der Ehevertrag? Ein wertloses Stück Papier. Der Vater sorgte für die Familie – wie andere Väter, die heil aus dem Krieg kamen, auch.

Das Zusammenleben der Eltern scheint wohltemperiert, ihr Umgang mit dem Sohn ohne Überschwang gewesen zu sein. Wegen Helmuths Scheu, Situationen und Personen zu beschreiben – «bitte keine Details» –, ist mein Bild vom Familienleben an der Taunusstraße allerdings nur skizzenhaft. Und doch sehe ich die drei am runden Tisch sitzen – Helmuth mochte nur runde Tische –, bei nur noch drei Gängen (im Sanatorium gab es deren acht), die von der einzigen verbliebenen Angestellten, Köchin und

Stubenmädchen in einer Person, serviert werden. Beide Eltern haben das sechzigste Jahr überschritten. Die Mutter ist schwer geworden und krankt an einem Hüftleiden.

Helmuth, seit 1920 Privatdozent, verbringt die langen Universitätsferien bei ihnen; seine «Bude» in Köln – er muß sparen – hat er aufgegeben, im Oktober wird er eine andere beziehen, alle Jahre wieder. Wenn der Tisch abgeräumt ist, wird er seine Schreibutensilien ausbreiten. Er hat alle seine Bücher aus den zwanziger Jahren in Wiesbaden geschrieben. Wenn er sich über sein klägliches Gehalt als «Fakultätsassistent» beschwerte, sagte die Mutter: «Aber Helmuth!» Oder: «Sei dankbar!» Und der Vater ergänzte: «Du hast es doch eigentlich gut bei uns.» Noch nach dreißig Jahren konnte er solche häuslichen Szenen dreistimmig vorführen: als Tenor, Sopran und Bariton.

Vermutlich haben die Eltern kaum etwas von dem verstanden, was an ihrem Eßzimmertisch das Licht der Welt erblickte. Gewiß, der Vater hatte Feuerbach und Schopenhauer gelesen. Aber schon das erste Buch, das der einundzwanzigjährige Student den Eltern 1913 gewidmet hat – «Die wissenschaftliche Idee» –, fand er «doch ziemlich abstrakt». Die Mutter ließ sich zwar beim Sticken hin und wieder ein paar Seiten vorlesen. Aber, so der Autor später: «Sticken ermüdet wahrscheinlich leicht.» Ja, er hat es gut gehabt bei den Eltern. Sie ließen ihn gewähren und begleiteten seinen wissenschaftlichen Weg ohne Ungeduld –

Bis

der außerordentliche Professor der Philosophie an der Universität Köln, Dr. phil. Helmuth Plessner, auf Grund des Gesetzes «zur Wiederherstellung des Berufsbeamtentums» vom 1. April 1933 als «Nichtarier» entlassen wurde. Fedor Pleszners Übertritt vom Alten zum Neuen Bund war umsonst gewesen. Helmuth verließ Köln und fand Zuflucht in Wiesbaden –

Bis

vor der Tür an der Taunusstraße SA-Posten Stellung bezogen und den Patienten den Eintritt in die Praxis des Juden Pleszner verwehrten. Was indessen im Sprechzimmer geschah, ist unbekannt. Der zweiundsiebzigjährige Arzt war allein. Man hat ihn nach einer Weile bewußtlos aufgefunden und ins «Schützenhaus» transportiert, wo der Kollege Dr. Haarpuder am 25. April den Totenschein ausstellte.

Während wir vor der verschlossenen Tür standen, waren offenbar die Bäderabteilungen der Hotels für diesen Tag geschlossen, die Quellen abgestellt worden. Die Nebelschwaden hatten sich aufgelöst. Ein unsichtbarer Scheinwerfer warf rote, grüne, gelbe Lichter durch die Dämmerung auf die Wand neben der Baulücke gegenüber der einstigen Praxis des Juden Pleszner.

Wir hatten noch etwas Zeit bis zum nächsten Zug nach Frankfurt. Im Café Blum spielte jetzt eine schwarze Band, und die ersten Paare in weißen Dinnerjacketts und Abendkleidern, vermutlich Animierdamen und Eintänzer, drehten ihre Runden. Plötzlich löste sich einer von seiner Partnerin und steuerte schlaksig auf uns zu: graue Schläfen, Toupet, schwarzer Schnurrbart. «Mensch, Plessner, du lebst! Oder bist du dein Geist?» Helmuth sprang auf: «Der Rudi! Der Rudi Kothe!» Der andere schüttelte den Kopf: «Nein, ich bin der Willi, der Zwilling. Den Rudi hat's erwischt. Der ist nicht mehr.» Helmuth verbeugte sich: «Gefallen?» – «Na ja, so was ähnliches. Er war ein hohes Tier bei der SS.»

Helmuths Ausdruck veränderte sich nicht: «Und du?»

«Ach, ich kann nicht klagen. Du siehst ja. Man lebt.» Dann, etwas verlegen: «Sag mal, warum bestellst du nicht eine Flasche Schampus? Hausmarke.» – «Wir müssen mit dem nächsten Zug nach Frankfurt zurück», sagte Helmuth freundlich und drückte dem Herrn im weißen Dinnerjackett diskret etwas in die Hand: «Aber wenn du und deine Begleiterin...» – «Nett von dir, Plessner. Bist schon immer ein anständiger Kerl gewesen. Mach's gut.» Willi Kothe eilte elastisch zur Tanzfläche zurück.

«Warst du mit den Zwillingen befreundet?» fragte ich auf der Rückfahrt.

«Nur mit dem Rudi. Der Willi ist mit dem Einjährigen abgegangen.»

«Und wie war der Rudi damals?» – «Nett. Hat mir bei der Mathematik geholfen. Dafür habe ich ihm die Hausaufsätze gemacht.»

Es war kalt und dunkel im Zug. Wir waren müde und schwiegen, bis die Lichter von Frankfurt auftauchten. «Warum wolltest du gerade heute nach Wiesbaden fahren», fragte ich. – «Weil ich Wiesbadener bin, genau wie der Rudi Kothe.»

Mijnheer Jasper

Im Oktober 1952 begleitete ich Helmuth zum ersten Mal nach Holland, wo er das Dritte Reich in Groningen, Utrecht und Amsterdam überlebt hatte. Wir kamen aus Frankfurt und fuhren über Arnheim, wo er einen Vortrag hielt. In Groningen dann, dessen Universität ihn gleich nach der Befreiung auf den Lehrstuhl für Philosophie berufen hatte, mußte er noch ein Doktoratsexamen abnehmen. Da wir, um dorthin zu gelangen, in Amsterdam umsteigen mußten, überschlugen wir einen Zug und gingen ins Café Victoria gegenüber dem Bahnhof.

Es dämmerte schon. Um diese Zeit pflegen Holländer ihren «borrel» zu trinken, Genever, jung oder alt, der eiskalt in bauchigen kleinen Gläsern serviert wird. Man ißt dazu «bitterbollen», panierte, heiße Fleischklößchen, mit Ragout gefüllt, die man in süßsauren Senf tunkt, oder Käsewürfel, je nach Geschmack mit Kümmel gewürzt.

Die schwere Portiere vor dem Windfang ließ sich nur mit Mühe öffnen. Blaue Rauchschwaden aus duftenden Brasil- und Virginiazigarren hingen über den mit Orientteppichen bedeckten Tischen. Unter grün beschirmten Lampen saßen Herren in korrekten dunklen Anzügen einander am typisch holländischen Zeitungstisch gegenüber und lasen ihre «kranten». Es gibt diese langen, in der Mitte durch Mattglas oder Rohrgeflecht geteilten Tische noch heute. Soviel ich weiß, übrigens nur in Holland. Ein Café, das etwas auf sich hält, ist vom Lokalblatt bis zum NRC-Handelsblad und einigen internationalen Zeitungen auf alles abonniert, woraus Holländer ihre Weltkenntnis schöpfen: Reminiszenzen an das einstige Kolonialreich, für das sie wohl von jeher zu wenig machtbewußt und zu rechtschaffen waren.

Wir standen noch vor der Portiere, da teilten sich die Nebel plötzlich und bildeten eine Gasse, durch die ein Riese mit hochrotem Kopf, einem Brustkorb wie ein Schrank und Armen wie Ruder auf uns zukam: «Professor Plessner. Endlich!» Riesen haben oft zu hohe Stimmen. So auch dieser, dessen kehliges Holländisch ich kaum verstand. Helmuth stutzte und stand einen Augenblick wie angenagelt neben mir. Dann geschah etwas Merkwürdiges: Er breitete die Arme aus und ging dem Riesen entgegen.

Mir war, als ob seine Füße den Boden nicht berührten: «Mijnheer Jasper. Endlich. Ich warte schon so lange auf Sie», hörte ich ihn holländisch mit gepreßter Stimme sagen, so, als befände er sich in äußerster Gefahr. Der Riese murmelte etwas Beruhigendes, hob Helmuth, der wie in Trance alles mit sich geschehen ließ, auf und legte ihn sich wie einen Sack über die Schulter. Langsam, als vollzöge er ein Ritual, schritt er mit seiner Last durch die Gasse, in der alle Gespräche verstummt waren. Erst vor dem durch Straßenlaternen grell erleuchteten Fenster bückte er sich und stellte Helmuth behutsam auf die Füße. Feierlich reichte er ihm ein Glas Genever, hob das seine, trank allen Umstehenden zu und sagte mit hoher Stimme: «Gezondheid.» Die Gasse schloß sich. Streichhölzer flammten auf und entzündeten die erkalteten Zigarren, deren Rauch wieder in blauen Schwaden aufstieg.

Ich stand noch immer an der Tür. Hatte Helmuth mich vergessen? Nein, er kam, als habe er nur eben einen alten Bekannten begrüßt, auf mich zu, von Mijnheer Jasper höflich geleitet. «Tot ziens, Professor.» Ein Händedruck. «Mevrouw!» Eine knappe Verbeugung. Eine rote Pranke lüftete die Portiere, die hinter uns zusammenfiel. Hatte ich das alles etwa geträumt?

Nein! Im Zug nach Groningen erfuhr ich, was es mit Mijnheer Jasper auf sich hatte. Bärenstark und Transportarbeiter von Beruf, hatte er sich schon am ersten Tag der Besatzung dem Widerstand angeschlossen, der ihn und seine Muskeln bei Nacht-und-Nebel-Aktionen einsetzte. Helmuth, den die Besatzer aus seiner Groninger Rockefeller-Professur vertrieben, verkroch sich in Utrecht, wo er, vom studentischen Widerstand unterstützt (mit einem auf den Namen Herbert Polmann lautenden Personalausweis und ebenso falschen Lebensmittelkarten), in immer kürzer werdenden Abständen die möblierten Zimmer, die immer schäbiger wurden, wechselte, bis auch diese unauffällige Existenz zu gefährlich wurde.

1945 in einer Januarnacht war Mijnheer Jasper bei ihm erschienen, hatte ihn sich über die Schulter gelegt, auf der menschenleeren Straße in einem Möbelwagen verstaut und nach Amsterdam gefahren, wo er ihn wiederum auf der Schulter eine steile Treppe hinauftrug und bei einem sowohl ihm als auch Helmuth unbekannten Ehepaar absetzte. Die Leute hießen Groenier und waren Schauspieler. Helmuth hat ihre Wohnung nicht mehr verlassen, bis der deutsche Spuk vorüber war.

Was aus ihnen geworden ist, wollte ich wissen. Sie seien unmittelbar nach der Befreiung ohne Abschied und neue Anschrift verzogen, sagte Helmuth. Das Haus unweit vom Rijksmuseum, in dem sie ihn aufgenommen hatten, war irgendwann abgerissen worden. Und Mijnheer Jasper? Sooft wir auch später in Amsterdam waren und im Café Victoria nach ihm Ausschau hielten: Wir haben ihn nicht wiedergesehen. Er hatte Helmuth auch nicht sagen wollen, wo er wohnte. Er verschwand, wie er aufgetaucht war.

Ich wundere mich heute noch darüber, daß der erste Holländer, der uns bei meinem ersten Aufenthalt in Amsterdam begrüßte, Helmuths Lebensretter war.

Ein Abend bei Adornos

Helmuth hatte mir eines Morgens im Frühsommer 1952 eröffnet: «Ich bin die neue Liebe von Horkheimer und Adorno» und nach einem Augenblick des Wartens auf die Wirkung dieser überraschenden Mitteilung hinzugefügt: «weil ich doch so harmlos bin.» Es ging damals darum, daß Adornos, um ihre amerikanische Staatsbürgerschaft nicht zu verlieren, für ein Jahr zurück in die Staaten mußten. Ohne sie wäre das eben wiedererstandene «Institut für Sozialforschung» an der Senckenberganlage in Frankfurt verwaist gewesen, hätten sich keine Pflegeeltern gefunden: «harmlose» Pflegeeltern, die nicht etwa auf die Idee kommen würden, Adoptionsansprüche zu stellen.

Sobald in Göttingen das Semester zu Ende war, fuhren wir nach Frankfurt: Helmuth, um mit Horkheimer, der zum zweiten Mal Rektor geworden war, und im Kultusministerium in Wiesbaden Tacheles zu reden, und ich, um die Atmosphäre zu prüfen, in der ich für den Fall unserer Zusage ein Jahr lang leben würde. Die Stadt war noch grauenhaft zerstört. Neben den Ruinen des Universitätsviertels wirkte der bescheidene Neubau des Instituts wie ein frisch gewaschener Säugling unter Greisen.

Für den Abend waren wir bei Adornos eingeladen. Der Hausherr öffnete uns selbst die Tür zu seiner Wohnung, die nur ein paar Schritte von unserer spartanischen Pension an der Schumannstraße entfernt lag.

Er war mir sofort sympathisch. «Das ist Moni», führte Helmuth mich ein. «Hab ich mir so ähnlich vorgestellt. Ich bin Teddy. Willkommen, Plessner!» Vor der Folie des finsteren Flurs hob die rundliche Gestalt im dunklen Anzug sich kaum ab. Um so heller wirkte das weiße Gesicht, regelmäßig und mit weit offenen Augen hinter schwarz umrandeten Brillengläsern. Gepolsterte Hände ergriffen die unseren und zogen uns den Flur entlang, an dessen Ende Tageslicht aus einer offenen Tür fiel: «Suhrkamps sind da, Plessner. Mierl, Sie kennen Helmuth Plessner noch nicht. Gretel, und das ist Frau Monika, die dich vertreten wird.»

Auch Gretel Adorno gefiel mir sofort, obwohl eine gewisse Kühle von ihr ausging. Sie verhielt sich abwartend: weder besonders freundlich noch unfreundlich, weder interessiert noch gleichgültig, weder ermunternd noch einschüchternd. Offenbar war sie zu stolz, um sich zu verstellen, und zu klug, um Verstellung herauszufordern.

Ihr Äußeres war unauffällig. Sie trug sich auch

dunkel zu männlichem Haarschnitt. Der einzige Schmuck war eine kostbar wirkende Herrenarmbanduhr. Was ich von der Wohnung sah, war ästhetisch anspruchslos, aber zweckmäßig. Durch die altmodisch hohen, gardinenlosen Fenster sah ich die ersten, damals noch bescheidenen Reklamelichter blitzen. Die Möbel, modern und nicht besonders bequem, schienen wie provisorisch aufgestellt. Aus dem Rahmen fiel nur der Flügel, den, als stehe er in einem anderen Land, eine ausgesparte, große Fläche blank gebohnerten Parketts umgab.

Der Tisch war für sieben Personen gedeckt, obwohl wir bisher nur sechs waren. Ein fragender Blick Adornos. Gretel winkte ab und bat, sich zu setzen. Eine Tischordnung war nicht vorgesehen, so daß ich zwischen Helmuth und die Hausfrau zu sitzen kam; gegenüber und nebeneinander die beiden Suhrkamps, der Hausherr zwischen dem leeren Stuhl und Helmuth.

Ich fand, daß das Essen zu Gretel Adorno paßte. Es gab Tafelspitz, sehr reichlich, sehr saftig, dazu Brühkartoffeln, feucht und geschmacksfrei. Man würzte selbst: Senf aus der Tube und geriebenen Meerrettich, angegraut. Dazu goß Adorno edlen Wein ein, einen alten Rheingauer aus Restbeständen der einstigen väterlichen Wiesengrundschen Weinhandlung. Er habe ihn eigens für Helmuth ausgesucht, betonte Adorno. Er wisse ja, was für einen Weinkenner das richtige sei. Helmuth hob sein Glas und trank ihm zu. Außer mir schien niemand zu bemerken, daß der Weinkenner weder Senf noch Meerrettich nahm. Er griff nur verstohlen zum Salzfaß – für die Brühkartoffeln.

Peter Suhrkamp trank wenig in bedächtigen Schlucken, während seine zierliche Frau hastig ein Glas nach dem anderen leerte. Das zerquälte kleine Gesicht rötete sich.

Das Gespräch entspann sich anfangs nur zwischen den Männern, dem hochgewachsenen Friesen, dessen ernste Züge im Schatten lagen, und Helmuth und Adorno, die einander Einfälle wie Pingpongbälle zuschleuderten. Wovon die Rede war, habe ich vergessen. Aber es war die Rede... die Rede... die Rede...

Dabei beobachtete ich etwas Merkwürdiges an Adorno: Sein Gesichtsausdruck veränderte sich kaum, während er sprach. Aus den vollen, flötenähnlich rund gewölbten Lippen schossen unaufhörlich Wörter, während die Augen, schwarz, weit und still, ständig zu staunen schienen. Auch wenn er lachte, hatte der obere Teil des Gesichtes daran kaum Anteil. Kein Muskel zuckte an Schläfen und Stirn. Er sah aus, als sei er, redend, bei einer ganz anderen Sache, irgendwo. Bei einer fernen Musik? Ein horchendes Gesicht, dachte ich, ein blindes Gesicht aus alten Zeiten, sprechend, aber kurz vor dem Verstummen. Irgendeine römische Porträtbüste kam mir in den Sinn. Aber wessen Büste? Seneca? Catull?

Die Runde belebte sich langsam. Dann und wann machte Gretel eine besonnene Bemerkung; und die zarte Trinkerin mir gegenüber sagte, heiser und laut, irgend etwas Unverständliches, das offenbar nur an Adorno gerichtet war. Je öfter sie zum Reden ansetzte, desto stiller wurde Peter Suhrkamp. Er sah abgespannt aus. Zwischen ihm und der jungen Frau entstand, zuerst kaum merklich, Gereiztheit, die sich aber rapide verschärfte. Sie sahen aneinander vorbei, als stünde eine gläserne Wand zwischen ihnen, die in der Mitte einen Sprung hatte. Gretel, bemüht, uns von den beiden abzulenken, zog Helmuth in ein Gespräch, dem ich nur mit halbem Ohr zuhörte. Ich beobachtete Adorno, der, horchend, auf ein Klirren zu warten schien. Und da war es. Frau Suhrkamp sprang auf vom Tisch. Ihr Glas fiel um. Sie stürzte zum Fenster, preßte das Gesicht gegen die Scheibe, hielt sich am Griff fest mit hochgehobenen Händen und weinte fassungslos. Im selben Augenblick sprang Adorno mit einem einzigen Satz zum Flügel und hieb auf die Tasten ein, daß sie dröhnten und wimmerten. Was für eine Musik! Gestaltete Anarchie, kein Chaos. Töne in Fesseln. Gesetz, das sich selbst beklagt. So stelle ich mir «Dr. Fausti Weheklag» vor.

Es war dunkel im Raum, unheimlich. Selbst Gretel war offenbar so betroffen, daß sie vergaß, das Licht einzuschalten. Nur die roten, grünen, gelben Reklamelichter draußen blinkten stumm an und aus, an und aus...

Angst und Mitleid befielen mich. Ich weiß nicht, was stärker war – bis die Hausfrau sich als erste faßte. Sie stand auf, schob ihren Stuhl geräuschvoll unter den Tisch, ging zum Flügel und ergriff den

Deckel, als wolle sie ihn zuklappen. Adorno sah ruhig zu ihr auf, spielte noch ein paar Takte – nein, keine Takte – und endete dann, als habe nun alles seine Ordnung, mit einem Kirchenschluß. Ohne sich um uns zu kümmern, nahm er seinen Platz wieder ein. Peter Suhrkamp war hinter seine Frau getreten und verdeckte die von Schluchzen geschüttelte Gestalt. Da läutete es.

Als *Deus ex machina* kam er ein paar Augenblicke zu spät. Aber da stand er nun – «innerlich voll Sendung» im plötzlich erleuchteten Türrahmen. Gretel hatte jetzt Licht gemacht, im Flur und im Zimmer. Die Arme in zu kurzen Ärmeln lagen ihm an wie soeben zusammengefaltete Flügel. Waren auch die Füße geflügelt? Jedenfalls war es der kahle Kopf. Die enormen, abstehenden Ohren zuckten kaum merklich, als wollten sie zum Flug ansetzen. Er zwang sie zum Stillhalten und sagte: «Mein Name ist Scholem. Schalom!»

Gretel begrüßte den letzten Gast sichtlich erleichtert: «Also doch noch, Gerhard. Hat der Flug dieses Mal länger gedauert? Kommen Sie. Suhrkamps kennen Sie ja. Und das ist Plessner.» Gershom Scholem aus Jerusalem, vormals Gerhard Scholem aus Berlin, der große Judaist und Wiederentdecker der jüdischen Mystik, verbeugte sich nach allen Seiten und stieß dann den überlangen Zeigefinger Helmuth vor die Brust: «Plessner. Nachkomme von Salomon Plessner. Wissen Sie denn überhaupt etwas mit Ihrem ehrwürdigen Namen anzufangen? Oder muß ich Ihnen Nachhilfeunterricht geben?»

Helmuth wußte zwar, daß einer seiner Ahnen ein chassidischer Wunderrabbi gewesen war. Aber das Interesse an seinem Stammbaum war ihm in einer glorreichen Zeit gründlich verleidet worden. Scholem schüttelte verwundert den Kopf, streifte Adorno, der hinter Suhrkamps Rücken kaum sichtbar war, mit einem verwunderten Blick, drückte seinem Verleger kräftig die Hand und pflanzte sich vor dessen Frau auf, die wieder zum Tisch zurückgekehrt war. Sie wich seinem Blick nicht aus. Sie grüßte ihn mit den Augen, die jetzt klar waren, als hätten sie keine Tränen vergossen. «Und das Krumme wird gerade.»

Scholem schien zufrieden, setzte sich auf den siebenten Stuhl, entfaltete umständlich die Serviette und begann zu speisen. Er sprach dem Tafelspitz, den er reichlich mit Meerrettich würzte, nur mäßig zu, wies den Wein entsetzt von sich und verlangte Himbeersaft. Nachdem er ein ganzes Wasserglas voll der rötlichen Labe in einem Zug geleert hatte, sah er, Messer und Gabel stramm aufgerichtet, erwartungsvoll zur Tür, durch die Gretel, die leise hinausgegangen war, eben wieder eintrat.

«Frisch von Kranzler für Sie, Gerhard», sagte sie und stellte eine Schwarzwälder Kirschtorte vor ihn hin. Der berühmte Mann freute sich ungeniert und konnte kaum abwarten, bis ein mächtiges Stück auf seinem Teller lag. Und dann aß er und aß und aß, und während er unüberhörbar schmatzte, erzählte er. Er erzählte, wie er aß: in großen Bissen und Happen und mit aufgespießten Krümeln. Und als nichts mehr übrig war, trank er Himbeersaft: Ströme, Bäche, Rinnsale. Er leerte in Kürze eine ganze Flasche süßen Sirups mit Wasser und erzählte unaufhörlich. Er ließ sämtliche Generationen der Plessners einschließlich der Ehefrauen Revue passieren: die Rabbiner und die Synagogenvorsteher, die Hausierer und die Flickschuster. Schließlich verweilte er bei Helmuths Großmutter, der geborenen Rosalie Karfunkelstein, die eine bemerkenswerte Frau gewesen sein muß. Er hatte sie noch im jüdischen Altersheim in Berlin besucht.

«Ich auch», flocht Helmuth ein. Aber wir waren noch gar nicht in Berlin. Wir waren alle entrückt ins Schtetl, in die Judengassen von Zülz, von Brieg, von Oppeln, von Glogau, von wo Scholems eigene Großeltern einst nach Berlin aufgebrochen waren. Er gedachte der Frommen wie der Abtrünnigen mit der Trauer eines Unerbittlichen, der wider alle Vernunft recht behalten hatte, weil er allen guten Ratschlägen zum Trotz schon 1923 ins Gelobte Land zurückgekehrt war, wo er einer der intellektuellen Gründungsväter des neuen Israel geworden war. Dort hatte er das geheimnisvolle Buch Sohar entschlüsselt und den Juden, Gläubigen wie Ungläubigen, Gottesgelehrten wie Philologen, ein Stück versunkener Geschichte zurückgegeben. Er hatte zuerst mit und dann um seinen Freund Walter Benjamin gerungen und ihn doch nicht nach Jerusalem heimholen können, obwohl er wie Jakob mit dem Engel gekämpft hatte. Später erzählte mir Helmuth, daß Benjamins trostloser Tod Adorno in Scholems Gegenwart befangen machte, obwohl er gewiß der Unschuldigste von allen war, die den Freund in der höchsten Not im Stich gelassen hatten.

Adorno hatte seine Rede wiedergefunden und umspielte mit ihr Scholems Geschichten wie eine Oberstimme den Cantus firmus. Der Abend zog sich noch lange hin. Ich verhielt mich ganz still und hörte zu, froh, daß das Krumme für einmal gerade geworden war. Ich war zum ersten Mal einem ungebeugten Juden begegnet, einem Stolzen und Freien, der an die Lebenskraft seines Volkes glaubte und sie verkörperte. Sie streuen Glück wie Goldkörner aus, die Stolzen und Freien. «Ein herrlicher Mann», sagte Helmuth, als wir durch die Nacht zurück zur Schumannstraße gingen.

Gruppenbild mit Horkheimer

Als wir uns an einem Juliabend zum ersten Mal zu dritt in der Frankfurter Kaiserstraße trafen – 1952 noch kein heißes Pflaster –, fragte Max Horkheimer mich: «Möchten Sie zur Abwechslung mal italienisch essen?» – «Das kenne ich noch nicht», sagte ich. Unser Gastgeber sah mich über den Rand seiner Brille erheitert an.

«Was halten Sie von Fegato alla veneziana, Plessner?» – «Aber Max, gebackene Leber bei Ihrem Rheuma!» – «Ich habe kein Rheuma, ich habe Gicht.» Helmuth, Sohn eines Internisten, schmunzelte. Nachdem der Padrone Horkheimer den dunklen Tuchmantel, den er trotz des Sommerwetters trug, und den grauen Borsalino abgenommen hatte, vertieften wir uns in die Speisekarte. Helmuth wählte Saltimbocca und für mich etwas Nudeliges, tomatenrot. Nach eingehender Beratung bestellte Horkheimer, schwäbelnd zwar, aber fließend italienisch, einen alten Chianti.

«Willkommen als neue Mitarbeiterin im Institut für Sozialforschung!» Mein zukünftiger Dienstherr erhob sein Glas und trank mir zu. Die beiden Männer waren sich einig geworden. Helmuth würde, während Adorno ein damals obligatorisches Jahr für naturalisierte Amerikaner in Kalifornien verbrachte, donnerstags früh aus Göttingen herüberkommen und Horkheimer entlasten. Ich sollte nach Frankfurt ziehen und Gretel Adorno vertreten.

«Ich muß mich übrigens entschuldigen», fuhr Horkheimer fort. «Ich hätte Sie schon gestern abend bei Adornos begrüßen sollen. Aber ich hatte amerikanische Gäste. Wir haben uns einen Boxkampf angesehen. Sehr zu empfehlen. Das beste Mittel gegen Aggressionen.»

Als der Hunger gestillt war, ging man zur Sache über, Horkheimers damaligem Lieblingsprojekt: «Die Gruppenstudie». Er wollte wissen, wie man in Deutschland sieben Jahre nach dem Krieg zum Nationalsozialismus stand. Deshalb hatte er Studenten des Instituts, ausgerüstet mit den neuesten, aus Amerika importierten Methoden der empirischen Sozialforschung, darunter einem ausgeklügelten «Stimulus», in Frankfurt und Umgebung Gespräche mit formellen Gruppen, beispielsweise Vereinen, und losen Gruppierungen, Gästen einer Kneipe etwa, führen lassen. Die Auswahl war so getroffen worden, daß sich ein annähernd repräsentativer Querschnitt durch die Bevölkerung ergab.

«Haben Sie sich unsere Gesprächsprotokolle und die ersten Auswertungen angesehen, Plessner?»

fragte Horkheimer. «Ja, offen gestanden, Max: Ich bin ziemlich enttäuscht. Die Leute bringen fast nur Ausreden oder die alten Klischees vor. Und bei den Auswertungen paßt mir der dilettantische Umgang mit der Psychoanalyse nicht.»

«Aber den Klischees wollen wir ja gerade mit der Psychoanalyse zu Leibe», konterte Horkheimer. «Wir leisten Pionierarbeit. Sie werden staunen. Nächstes Jahr um diese Zeit denken Sie anders.»

«Auf ein Jahr also, Max, und auf unsere Vernunftehe.»

Horkheimer stutzte. Wußte Helmuth etwa, daß «die Frankfurter» seine Philosophische Anthropologie für obsolet hielten? Ja, er wußte, war aber umgekehrt auch kein Anhänger der «Kritischen Theorie».

Themenwechsel: «Ich höre, daß Sie in der Erwachsenenbildung gearbeitet haben», wandte sich Horkheimer an mich. «Wo, wenn ich fragen darf?» – «In Lippe.» Er sah mich an, als spräche ich von der Kalahari. «Ach ja, jetzt fällt mir etwas ein. Grabbe. Die Hermannschlacht. Thuschen, mein Thuschen...» Unwillkürlich griff ich an meinen Haarknoten. «Aber Kindchen, Sie werden mir doch meine Unbildung in teutonischer Geographie nicht übelnehmen. Bei unseren Studenten haben Sie es ja mit Erwachsenen zu tun. Sie sind der ideale Ersatz für Gretel Adorno.»

«Aber ich bin doch keine Soziologin.» Horkheimer sah mich väterlich an: «Gretel Adorno ist Chemikerin. Tröstet Sie das? Dabei ist sie die Seele des

Instituts. Die Studenten vertrauen ihr mehr als mir und Adorno.»

Es dunkelte schon auf der Kaiserstraße, als wir uns von Horkheimer trennten. Plötzlich machte er noch einmal kehrt und lüftete den Borsalino: «Mir fällt da noch etwas ein, Frau Monika. Bitte erzählen Sie im Institut nicht, daß Sie aus der Erwachsenenbildung kommen.»

«Was hat er denn gegen die Erwachsenenbildung? Ist er ein Snob?» fragte ich Helmuth auf dem Weg in unsere Pension.

«Na wenn schon», sagte er, und nach einer Pause: «Lies mal den alten Roman von Jakob Wassermann: Christian Wahnschaffe. So ähnlich mußt du dir den jungen Horkheimer vorstellen: ein Millionärssohn mit schlechtem Gewissen, der alle Erniedrigten und Beleidigten glücklich machen wollte. Vielleicht fühlte er sich sogar als Jude dazugehörig. Wie dem auch sei. Er zerstritt sich mit seinem Vater und studierte Philosophie. Auf allerlei Umwegen – seine ersten Götter waren Tolstoi und Schopenhauer – ist er dann das geworden, was er heute ‹Hegelianer› nennt. Damit konnte der Senator McCarthy drüben natürlich nichts anfangen. Freilich hat sich der gute Max gewisse Allüren zugelegt, die man snobistisch finden kann. Aber was ist schon ein Snob? Doch jemand, der nicht merken lassen will, wie verletzlich er ist.»

«Soll ich denn wirklich verschweigen, daß ich aus der Erwachsenenbildung komme? Hat er das ernst gemeint?»

«Ernst, sehr ernst, aber nicht ganz ernst», lachte Helmuth. «Er hat sich vorhin über die Vernunftehe geärgert und ist aus der Rolle gefallen. Sei nicht beleidigt. Er ist sich ja nur treu geblieben: Erwachsenenbildung ist Reformismus. Und den haßt er genauso glühend wie den Stalinismus.»

«Magst du ihn?» fragte ich. «Ja! Und du?» – «Das weiß ich noch nicht.»

Der Institutsbetrieb begann nach amerikanischem Vorbild am ersten Montag im September. Ich war pünktlich zur Stelle. Friedrich Pollock, Horkheimers ältester Jugendfreund, der einzige, den er duzte, nahm mich in Empfang. Als Nationalökonom und Finanzexperte war er sein Hausmeier. Der athletisch gebaute Mann mit den großen Händen war dem ganzen Habitus nach der geborene Beschützer. Er ging elastisch und lautlos vor mir her, auf Speckgummisohlen, wie sie damals Mode waren, und zeigte mir das Gebäude. Links und rechts vom Eingang lagen wie Wachstuben zwei Kabinette. Ich hielt die Insassen für Amerikaner. Sie trugen Khakihemden, sprachen englisch mit Pollock und qualmten blaues Gewölk aus Stummelpfeifen. Pollock stellte vor: «Herr Tenbruck» (später Soziologe in Tübingen), «Herr Wolff» (einer der Herausgeber von Schriften Karl Mannheims). «Die beiden Herren bearbeiten besondere Projekte», erläuterte Pollock auf dem Weg in den Keller. «Sie werden nichts mit ihnen zu tun haben.»

Unten zeigte er mir die Hollerithmaschine, ein Ungetüm, die Ahnfrau aller Datenverarbeitungsgeräte. Pollock: «Da wir schon bei der Auswertung sind, brauchen Sie sich in das Innenleben unserer eisernen Jungfrau nicht zu vertiefen.» Ebenfalls im Keller lagen die Büroräume. Ein kleiner Mann mit grauem Gesicht verbeugte sich und sah mich, mit Augen, die keinerlei Interesse verrieten, schweigend an. Horkheimer, dem es durchaus nicht an Instinkt für Macht fehlte, hatte, nach berühmtem Vorbild, einen politisch schwer belasteten Verwaltungsbeamten als Bürovorsteher eingestellt.

Oben klopfte Pollock mehrmals vorsichtig an eine Tür: «Herr von Friedeburg ist offenbar noch nicht im Hause. Aber das macht nichts. Auch mit seiner Arbeit haben Sie nichts zu tun.» So war es. Ich habe den späteren hessischen Kultusminister nur selten gesehen. An einer anderen Tür gingen wir schnell vorüber: «Da drin übersetzt Herr Maus (später Professor in Marburg) Professor Horkheimers englische Schriften.»

«Und hier ist Ihr Reich, das Zimmer von Frau Dr. Adorno.» Wir betraten einen mäßig großen, spartanisch möblierten Raum, von dessen Fenster aus man auf Trümmergrundstücke und verkrautete Gärten blickte. Ich habe nicht viel Zeit darin verbringen müssen. Horkheimer, der immer jemanden in seiner Nähe haben mußte, bat mich nämlich bald, in das neben dem seinen gelegene Zimmer Adornos umzusiedeln.

Die Arbeit mit den Studenten erwies sich als die bei weitem leichteste meiner Pflichten. Da sie durchschnittlich nur ein gutes Jahrzehnt jünger waren als ich, stellte sich sehr schnell eine Art Kumpanei zwischen uns her. Von Gretel Adorno sprachen sie mit größter Ehrfurcht. Sie war offenbar jedes einzelnen Beichtmutter gewesen. Sie, nicht Horkheimer oder Adorno, hatte ihnen Absolution von läßlichen politischen Sünden erteilt. Nach welchen Kriterien die jungen Männer zur Arbeit an der Gruppenstudie ausgewählt worden waren, ist mir nie klargeworden. Sie waren im Jungvolk, in der Hitlerjugend, in der SA, einer sogar in der SS gewesen und dann Soldaten geworden, kannten andere Völker nur aus der Perspektive von Eroberern oder Besiegten, waren aus Lazaretten und Gefangenenlagern in die deutschen Trümmer zurückgekehrt, einige leicht, andere schwer verwundet. Einer mit einem Engelsgesicht hatte statt der Finger stählerne Krallen, ein anderer Fußprothesen. Einige junge Gesichter waren blau gesprenkelt: Pulververbrennungen. Andere trugen unsichtbare Narben. Arm wie die Kirchenmäuse waren sie alle gewesen, bis sie am Institut ein bescheidenes Gehalt verdienten.

Warum sie gerade Soziologie studierten? Vielleicht um der Selbsterhellung willen? In mittlerweile acht bis zehn Semestern hatten sie sich mit den Methoden der Statistik und Demoskopie, vor allem aber mit der in Deutschland noch nahezu unbekannten empirischen Sozialforschung bekannt gemacht, hatten aber auch ihren Comte und Hegel, Durkheim, Simmel und Max Weber gelesen. Die Psychoanalyse war ihnen bis vor kurzem, nicht anders als mir, eine Terra incognita, was sie jedoch nicht davon abhielt, unsere Gespräche kräftig mit Freudschen Termini zu würzen. Als ich ihnen bekannte, Farbwörter der Braunskala in den Aussagen der Gesprächsteilnehmer überzeugten mich nicht von deren – auf analer Grundlage – antisemitischer Persönlichkeitsstruktur, lachten wir alle fröhlich zusammen.

Meine Aufgabe war es, die studentischen Elaborate sprachlich zu überprüfen. Und da nicht jeder Soziologe zum Schriftsteller geboren ist, lag da einiges im argen. Adornos Brillanz hatte bislang nur bei wenigen zu schüchterner Nachahmung geführt. Bei der Mehrzahl waren Fachjargon und das Wörterbuch des Unmenschen eine triste Liaison eingegangen.

Gegenüber Horkheimer äußerte ich meine Bedenken. Er sagte beschwichtigend: «Wenn die Ergebnisse stimmen, kann die Form doch keine Schwierigkeiten machen.» Aber stimmten denn die Ergebnisse? Ich gab Helmuth einige der neuesten Manuskripte zu lesen. Er war entsetzt: «Ich muß sofort an Adorno schreiben, und Horkheimer muß Mitscherlich zu Rate ziehen.» Mitscherlich kam – und ging wieder. Er hat erst später an anderen Arbeiten des Instituts teilgenommen.

Horkheimer hatte schon vor unserer Zeit eingeführt, die Mitarbeiter der Gruppenstudie samstags um elf Uhr in seinem Zimmer zu versammeln, um sich vom Stand der Arbeit zu überzeugen. Wer über was berichtete, bestimmte Pollock, der auf geheimnisvolle Weise immer wußte, wessen Ergebnisse Horkheimer am wenigsten beunruhigen würden. Wir setzten uns dann alle um den Schreibtisch, während Horkheimer in seinem Armsessel Platz nahm. Er hatte die Angewohnheit, solange er zuhörte, das Kinn auf die Brust zu drücken, dem Vortragenden über den Rand seiner Brille auf die Lippen zu sehen und die langen Hände baumeln zu lassen. Aber er hörte nie lange zu. Irgendein Stichwort bewog ihn, den Kopf nach links zum Fenster zu wenden und selbst das Wort zu ergreifen. Er ging zunächst wohlwollend auf das Gehörte ein, übte aber auch milde Kritik und begann dann, aus dem Stegreif zu philosophieren. Er sprach über Volks- und Weltgeist und über die Freiheit (er betonte das Wort immer gleich stark auf beiden Silben mit einem Hiatus dazwischen), zitierte Spinoza und Schopenhauer und, schwäbelnd, aber in der Originalsprache, Montaigne und Jefferson, Tocqueville und John Locke. Schließlich ging er zu politischen Tagesereignissen über, befragte die Studenten nach ihrer Meinung und sah sie reihum väterlich mahnend an. Sie hatten gebannt an seinen Lippen gehangen, und auch ich genoß es, ihm zuzuhören, wenngleich mich die suggestive Art seiner Rede gelegentlich irritierte. Die Sitzung endete meistens damit, daß Pollock, lautlos auf seinen Speckgummisohlen, hinter den Stuhl des Meisters trat und meldete, der Dienstwagen sei vorgefahren.

An einem Novembersonntag – Helmuth war schon wieder auf dem Weg nach Göttingen – lud Horkheimer die Studenten und mich zum Mittagessen in das Restaurant des Senckenbergmuseums ein, dessen Sammlungen noch nicht wieder zugänglich waren. Es gab Kalbsfrikassee, dazu einen leichten Mosel. Als Teller und Gläser gefüllt waren, hieß Horkheimer uns willkommen.

«Miteinander reden heißt miteinander träumen», begann er. Unwillkürlich fiel mir das Tischgebet aus meiner klösterlichen Pensionatszeit ein: «Oculi omnium in te sperant domine.» Horkheimers Charisma wirkte hypnotisch. Aber war das der Mitautor der «Dialektik der Aufklärung»? Und gehörten die jungen Männer, die wie mit in Trance geschlossenen Augen vor ihm saßen, tatsächlich zu einer «skeptisch» genannten Generation? Träumte auch ich, als ich uns alle in einem Gefängnis der Hörigkeit versammelt sah, in dem der Student mit dem Engelsgesicht und den stählernen Krallen aus Adornos «Minima Moralia» vorlas?

Gleich nach den Weihnachtsferien eröffnete Horkheimer seiner Mannschaft, aus Budgetgründen müsse er spätestens im Frühjahr eine Tagung über die Gruppenstudie veranstalten. Wir ahnten alle nicht, daß vorher noch ein weltbewegendes Ereignis eintreten würde. Am Morgen, an dem Stalins Tod bekanntgegeben wurde, ging ich wie immer kurz vor acht ins Institut. In Horkheimers Eckzimmer brannte Licht. Er war schon im Hause. Das war noch nie dagewesen. Er strahlte, frohlockte, rieb sich die Hände: «Das Ungeheuer ist tot. Trommeln Sie die Studenten zusammen. Wir müssen sofort etwas unternehmen.» Eine halbe Stunde später erhielten alle ihre Instruktionen. Sie sollten sich, mit Papier und Stiften ausgerüstet – an Mikrophone war noch nicht zu denken –, über die Stadt verstreuen und Passanten auf der Straße, an den Tramhaltestellen, auf dem Bahnhof, Kunden in Kaufhäusern und an Tankstellen befragen, was sie zur Meldung des Tages zu sagen hätten.

Den ganzen Tag über war es naßkalt, und es schneite. Die Gehwege waren glatt, der Schneematsch war gefroren. Die Studenten fröstelten, als sie in der Dämmerung wieder im Institut eintrafen. Horkheimer ließ Tee kommen, drückte das Kinn auf die Brust und sah erwartungsvoll reihum. Die Notizen wurden gezückt und verlesen. Die Ergebnisse waren monoton und ernüchternd: «Was geht das uns an!» – «Keine Zeit.» – «Was wird sich schon ändern!» – «Der Russe braucht die Knute.» – «Na und?» – «Jeder muß einmal sterben. Der Stalin war halt auch nur ein Mensch.»

Bei der letzten Aussage sprang Horkheimer auf: «Ein Mensch? Eine Bestie, ein Teufel wie Hitler. Aber die Menschheit ist nicht zu retten.» Er schlug, er trommelte mit den Fäusten auf den Schreibtisch: «Wozu rackere ich mich denn überhaupt ab? Es hat alles keinen Zweck.» Er fuhr in den Gehpelz und rannte auf die Straße. Ein paar Tage ließ er sich nicht im Institut sehen.

Die Tagung wurde auf Anfang April festgesetzt. Geladen waren außer dem Vorstand der Stiftung – das Institut hatte wieder die Rechtsform aus den zwanziger Jahren – hohe Beamte aus dem Kultusministerium und Landtagsabgeordnete aller Parteien, Frankfurter Stadtverordnete und der Kulturdezernent sowie Vertreter der Wirtschaft. Franz Böhm, Vorsitzender des Stiftungsrates – er war Professor für bürgerliches Recht und mit der Tochter von Ricarda Huch verheiratet –, begrüßte die Anwesenden. Dann erläuterte Horkheimer bewundernswert knapp Ziel und Methode der Studie. Nach wenigen Minuten überließ er den Studenten das Pult und setzte sich, unmittelbar neben der Tür, in die erste Reihe. Ich saß direkt hinter ihm.

Einige Berichte waren erst in letzter Minute fertig geworden. Die Studenten, ungeübt in öffentlicher Rede, blätterten in den Manuskripten hin und her, vertauschten Seiten, wiederholten sich, stotterten. Aber die Gäste hörten geduldig zu. Einige machten sich Notizen. Nur Horkheimer rückte unruhig auf seinem Sitz hin und her. Schließlich drehte er sich zu mir um und gab mir einen Zettel. «Bitte kommen Sie gleich zu mir», hatte er darauf mit seiner Kontoristenhandschrift geschrieben. Er verließ den Hörsaal. Ich folgte ihm.

Ich fand ihn, den Kopf in die Hände gestützt, an seinem Schreibtisch. «Das ist ja fürchterlich. Ich hätte es nicht dazu kommen lassen dürfen. Jetzt ist alles aus. Wir müssen die Sache aufgeben oder von vorn anfangen.» Er atmete schwer, griff sich nach dem Herzen. «Ich kann nicht mehr, und ich will nicht mehr. Ich bin krank. Ich brauche Ruhe. Ich bin Philosoph. Ich will schreiben. Was gehen mich diese Leute an!» – «Aber Herr Horkheimer, bisher ist doch alles gut verlaufen», versuchte ich ihn zu beruhigen. «Alle haben doch interessiert zugehört. Die Studenten waren halt etwas aufgeregt. Aber daß sie perfekte Redner sind, erwartet doch niemand.» Ein erschöpfter Mensch saß vor mir, gejagt von der Furcht, versagt zu haben. Jetzt wußte ich, daß ich ihn mochte.

«Die Studenten meine ich ja gar nicht. Mir geht es nur um diese Fremden.» Er stand auf und rannte wie ein gefangenes Tier zwischen Schreibtisch und Tür hin und her. «Natürlich sind sie interessiert. Aber woran? Da will doch jeder nur sein eigenes Wiedergutmachungssüppchen kochen. Wer von denen ist denn im Grunde seines Herzens nicht immer noch Antisemit!» Ich wußte, daß er jetzt ungerecht war.

Ich ging wieder in den Hörsaal, wo die Vorträge beendet waren. Die Gäste debattierten mit den Studenten. Helmuth, der nach allen Seiten hin Fragen beantwortete – viele hatten weder die soziologische noch die psychoanalytische Terminologie verstanden –, war erstaunt, als ich ihm erzählte, was ich eben mit Horkheimer erlebt hatte. «Er wird seine alten Ängste nicht los», sagte er. Kurz darauf trat Horkheimer wieder ein, gefolgt von Pollock. Mit gewinnendem Lächeln bedankte er sich bei den Studenten und mischte sich dann, entspannt und heiter, unter die Anwesenden, die ihm gratulierten. «Was kann man nur tun, um die Menschen aufzurütteln?» rief Franz Böhm aus. Irgendwoher kam das Wort: «Reeducation». Horkheimer, ganz Güte und Altersweisheit, gab zurück: «Sie meinen Erwachsenenbildung? Warum nicht?» – «Wird man das, was wir hier gehört haben, bald lesen können?» erkundigte sich jemand. «Aber selbstverständlich. Wir brauchen nur noch etwas Zeit. Das war heute nur eine Kostprobe.»

Als er etwa eine Woche nach der Tagung zum ersten Mal wieder ins Institut kam, setzte er die Gruppenstudie ohne Erklärung vom Arbeitsplan ab. In dem, was Pollock 1955 unter dem Titel «Gruppenexperiment. Ein Studienbericht» (Vorwort von Franz Böhm) herausgab, habe ich die Kostprobe nicht wiedererkannt.

Helmuths und Horkheimers Vernunftehe hat, par distance, bis zum Tode bestanden. Er besuchte uns in Göttingen, New York und Zürich. Wir besuchten die Horkheimers im Tessin, wo ihnen Pollock in Montagnola einen keineswegs opulenten Alterssitz, dicht neben dem seinen, gebaut hatte. Warum für Adornos kein Nachbargrundstück vorgesehen war, blieb des getreuen Hausmeiers Geheimnis.

Horkheimers Alter, umhegt von Kamelien, Oleander, Zypressen und den beiden Menschen, die ihm immer am nächsten gestanden hatten, hätte harmonisch sein können, wenn des Geschickes Mächte mit ihm im Bunde gewesen wären. Aber die wollten es anders. Zuerst starb seine Frau Maidon, dann Pollock, dann kam die Studentenrevolution, und an ihr starb Adorno.

Horkheimer, wirklichkeitsblind, ein anderer King Lear, überlebte in einem Ambiente, dessen Schönheit absurd geworden war. Einige von denen, die ihm, wie er meinte, nur nach dem Munde geredet hatten, blieben ihm treu. Andere, die er für Verbündete gehalten hatte, fielen von ihm ab, ja, verurteilten ihn. Selbst der Narr war zur Stelle und hielt ihm den Spiegel vors Gesicht. Manchmal rief er uns an und erzählte, er lese wieder Tolstoi oder Schopenhauer, entdecke immer Neues im Alten Testament und vertiefe sich in die jüdische Mystik. Suchte er auf überwachsenen Pfaden eine verborgene Lichtung? Einen vergessenen Ausweg aus der Aufklärung?

Unser letztes Gespräch war ein Telefonat im Frühsommer 1973. «Warum muß er denn nach Nürnberg fahren?» fragten wir uns, als er aufgehängt hatte. Kaum zwei Wochen später wußten wir es. Ein Meister aus Deutschland hatte gerufen: Max Horkheimer ist am 7. Juli 1973 in Nürnberg gestorben.

Die Argonauten auf Long Island

Am 7. September 1962 landeten wir mit der «Bremen» in New York. Nachdem wir den Drachenzähnen der Paß- und Zollkontrolle mit heiler Haut entkommen waren und uns in der für ein Jahr gemieteten Wohnung am Central Park West eingerichtet hatten, machte Helmuth seinen Antrittsbesuch in der «New School for Social Research». Das Auswärtige Amt hatte ihn mit der Theodor-Heuss-Professur betraut: einer Stiftung der Bundesregierung zum Dank für die Hilfe, die die New School deutschen Wissenschaftlern, die durch das «Gesetz zur Wiederherstellung des Berufsbeamtentums» vertrieben worden waren, geleistet hatte.

Dr. Alvin Johnson, Gründungspräsident der New School, die seit 1923 als Abendhochschule bestand, hatte schon 1933 einen ganzen Block deutscher Professoren nach New York geholt. Als Bewunderer des wissenschaftlichen Niveaus in der

Weimarer Republik hatte er, der sowohl Nationalökonom als auch klassischer Philologe war, alle persönlich ausgewählt. Auf diese Weise entstand die «University in Exile», die Graduate Faculty der New School. Boshafte Kritiker behaupteten damals allerdings, Johnsons Aktion sei eine Mischung aus «Geschäft und Almosen». Mit dem gleichen Recht läßt sich jedoch sagen: Auch die Theodor-Heuss-Professur war keine ganz uneigennützige Gegengabe. Ermöglicht sie doch bis heute alljährlich einem deutschen Hochschullehrer, sich an Ort und Stelle vom amerikanischen Stand seines Faches zu überzeugen.

Helmuth kam angeregt zurück: «Der Dekan gibt eine Party in seinem Landhaus auf Long Island. Er holt uns selbst ab.» Professor Howard White, Wirtschaftswissenschaftler und Schüler der «Mayflower Generation» der New School, kam ziemlich früh: «Meine Frau möchte Ihnen etwas zeigen, bevor die anderen eintreffen.» Am Columbus Circle nahmen wir die Subway. Auf der Fahrt durch die Unterwelt bedauerte White, daß Alvin Johnson abgesagt hatte. «Es ist ihm noch zu heiß. Er verbringt immer nur den Winter in New York. Im Sommer genießt er seinen Alterssitz im Hudson Valley. Aber er läßt alle Argonauten grüßen.» Argonauten? Mr. White lachte: «Der alte Humanist gefällt sich oft in etwas kryptischen Vergleichen. Er meint seine einstigen Schützlinge.» An der Endstation stiegen wir in Whites Auto und fuhren zuerst durch zersiedeltes, dann menschenleeres Land. Das Ziel war ein flaches

Blockhaus unter vom Seewind gezausten Bäumen, um das herum Kühe weideten. Helmuth atmete auf: «Wie in Holland.» Mrs. White begrüßte uns.

Wir betraten einen niedrigen Raum mit einer mächtigen Feuerstelle. An den Wänden standen lehnenlose Bänke. Zwei lange Tische in den Ecken waren mit Kolonnen von Flaschen beladen: Bourbon und Coca-Cola. Mrs. White, deren Gesicht mir irgendwie bekannt vorkam, schob einen Riegel von der Tür zum Nachbarraum, offenbar dem ehemaligen Stall. Neonlicht flackerte und fiel auf ein hochformatiges Ölgemälde, das einen rittlings auf angedeutetem Schemel wippenden Herrn vor hellem Hintergrund darstellte: ein Selbstbildnis von Max Liebermann. Das war das Gesicht der Mrs. White, nur älter, härter, hochmütiger. «Mein Großvater», sagte sie, «ich hieß früher Riezler.» Helmuth stutzte: «Kurt Riezler, der Philosoph? Der Kurator der Universität Frankfurt?»

Howard White griff ein. «Mein verstorbener Schwiegervater ist 1939 Mitglied unserer Fakultät geworden. Ich erzähle Ihnen später mal, wie ein Teil der Liebermannschen Privatsammlung nach Long Island gekommen ist.» Ein Teil! Aber was für einer! Menzel, Courbet, Manet... Später erfuhren wir von Mr. White, daß Liebermanns Frau, Mrs. Whites Großmutter, um Auschwitz zu entgehen, sich das Leben genommen hatte.

Wir gingen staunend von Bild zu Bild, bis es nebenan lärmig wurde. Unsere Gastgeberin löschte das Licht, bevor sie die Tür öffnete und wieder verriegelte. Helmuth wurde sogleich von Damen umzingelt. Alle auf einmal redeten auf ihn ein: in absonderlichem Englisch, das weder Ku'damm noch Zeil, Prager- oder Kärntnerstraße verleugnen konnte. Erst als eine korpulente Fünfzigerin mit erhobenem Zeigefinger alle anderen überschrie: «We Americans...», sagte er ein paar Worte, so urig amerikanisch, als spräche Mark Twain persönlich. Die verblüfften Damen kehrten vom «Newschoolise» erleichtert zum vertrauten Deutsch zurück.

Ich stand derweil neben der Stalltür und betrachtete das Gewimmel, das langsam Form annahm. Helmuth folgte dem Wink eines weißhaarigen Herrn in der Mitte, der sich hielt wie ein Gardeoffizier. Andere, etwas jüngere, die wissen wollten, wes Geistes Kind der Gast aus Deutschland war, gruppierten sich um die beiden. Im Hintergrund sammelten sich Frauen um eine Gitarristin. Eine von ihnen hielt ein Notenblatt in der Hand. Abseits hockte eine junge Dame mit tiefem Nackendekolleté auf einer zottigen Fußbank. Mit ihrem ungebärdig hochgekämmten Haar sah sie aus wie eine barbarische Prinzessin. Vor ihr stand ein bärtiger Mann mit gezückter Kamera. Ganz hinten hockte ein Alter mit übergroßem Kopf. Er stützte sich auf eine Küchenleiter und starrte angewidert auf eine Coca-Cola-Pfütze, in der Popcorn und Kaugummireste schwammen. Woran erinnerte mich das Szenarium nur?

Während ich noch darüber nachdachte, trat ein blonder Riese auf mich zu und stellte sich vor: «Arvid Brodersen aus Oslo. Ich bin Gastprofessor an der New School.» Wir gaben uns die Hand: «Denken Sie, Ihr Mann und ich haben einen gemeinsamen Freund in Holland: Wolfgang Frommel.» – «Gehören Sie etwa zum Castrum Peregrini?» wollte ich wissen. «Ja und nein. Ich kenne Frommel schon aus seiner Berliner Zeit. Er hat mir geholfen, mein erstes Buch zu publizieren. Später habe ich mich revanchiert und bei der Herausgabe der Zeitschrift des ‹Castrum› mitgewirkt. Aber damals war Ihr Mann ja schon nach Deutschland zurückgekehrt. Warum eigentlich?» – «Er hatte Heimweh.»

Die Coca-Cola-Pfütze näherte sich indessen bedenklich der Stalltür. Brodersen half mir, trockenen Fußes zu Helmuth zu gelangen. Der Herr, der sich wie ein Gardeoffizier hielt, sagte freundlich: «Da sind Sie ja endlich, Frau Plessner. Ich heiße Brecht. Unsere gemeinsame Freundin, Julie Braun Vogelstein, hat Sie mir schon avisiert.» Das also war Arnold Brecht, einst Leiter der Verfassungsabteilung im Reichsministerium des Inneren. Warum er auf Long Island war? Weil er gewagt hatte, die Reichsregierung nach Papens Staatsstreich im Namen Preußens zu verklagen. Alvin Johnson wußte natürlich, was für ein großer Fisch ihm da ins Netz ging. Arnold Brecht hat es weit gebracht in den Vereinigten Staaten. So weit, daß ein Wort von ihm in Washington genügte, besagte Julie Braun Vogelstein aus der Untersuchungshaft zu befreien, in die sie durch ihre Freundschaft mit Adam von Trott zu Solz geraten war. Das «andere» Deutschland hat den Verfassungsrechtler nie losgelassen. Bis zum Kriegsausbruch war er jedes Jahr in Berlin, und nach der Niederlage hat er die Väter des Grundgesetzes beraten.

Neben Brecht stand, klein, rundlich und quirlig, sein Inséparable, Hans Staudinger, einst Staatssekretär im Preußischen Handelsministerium. Mit knapper Not Hitlers Schergen entkommen, wurde er sehr bald Johnsons graue Eminenz, ein genialer Geldbeschaffer, «moneyraiser», dem die New School auch die Theodor-Heuss-Professur verdankte. Er hatte sie dem damaligen Bundespräsidenten Lübke abgerungen: eine gewichtige Morgengabe nach dessen erstem Besuch in den Staaten. Alvin Johnson erzählte mir später, Staudinger sei nicht entzückt über die schließlich ausgehandelte Lösung. Er wollte schlicht und einfach einen von der Bundesregierung finanzierten Dauerlehrstuhl, den die New School beliebig besetzen konnte. Wenn aber schon alljährlich ein anderer Deutscher herüberkommen sollte, dann kein Remigrant und Schicksalsgenosse mit eigener Konzeption wie Helmuth, sondern eine Nachwuchskraft, eine Art Missionsschüler, der die Lehren der New School daheim verkünden würde. Aber Johnson, ausnahmsweise einmal ganz anderer Meinung als sein «Staatssekretär», hatte sich durchgesetzt. Er wünschte sich einen vielseitigen Austausch mit deutschen Universitäten. Und Hans Staudinger war schließlich souverän genug, Helmuth keinen Unmut merken zu lassen.

Der jugendlich wirkende Kollege, mit dem er sich lebhaft unterhielt, war Carl Mayer, einer der Soziologen der einstigen, von Eugen Rosenstock-Huessy gegründeten Frankfurter «Akademie der Arbeit». Er, Brecht und Staudinger waren die einzigen Gäste, die noch zur University in Exile gehört hatten. Emil Lederer, bis 1932 Nationalökonom in Heidelberg, danach ein Jahr in Berlin, der für Johnson die ersten Kontakte hergestellt hatte, sowie Hans Neisser, vor der Vertreibung Finanzwissenschaftler in Kiel, Arthur Feiler und Jakob Marschak von der Handelsredaktion der alten «Frankfurter Zeitung» und schließlich Hans Simon, vormals Leiter der «Deutschen Hochschule für Politik» in Berlin und Johnsons Nachfolger als Präsident der New School, lebten zu unserer Zeit schon nicht mehr.

Helmuth hatte sich besonders auf Adolph Loewe, den Spiritus rector des Kieler «Instituts für Weltwirtschaft», gefreut, dessen Einfluß auf die modernen Wirtschaftswissenschaften gar nicht hoch genug einzuschätzen ist. Und er vermißte einen Gesprächspartner aus alten Kölner Zeiten: den Soziologen Albert Salomon, mit Rudolph Hilferding zusammen Herausgeber der Zeitschrift «Die Gesellschaft». Brecht erklärte: «Salomon läßt um Ihren Besuch bitten. Er leidet noch immer an den Folgen der Kinderlähmung, die ihn befiel, als die Koffer für New York schon gepackt waren. Und mein alter Freund Loewe ist Antialkoholiker, Nichtraucher und Vegetarier. Er verachtet Parties.»

Hans Staudinger unterbrach: «Hier ist jemand,

der sich mit Plessner über Carl Schmitt streiten wird. Darf ich vorstellen: Kollege Erich Hula. Eigentlich müßten Sie sich doch noch aus Köln kennen.» Nein, sie kannten sich nicht. Dazu waren die Fakultätsgrenzen damals noch zu starr. Hula war der letzte Assistent von Hans Kelsen in Köln. Den bekannten Völkerrechtler, mit dem er 1933 zunächst nach Wien ausgewichen war, hatte Berkeley sich gleich nach dem «Anschluß» gesichert. Zum Streit zwischen Hula und Helmuth ist es nie gekommen. Über Carl Schmitt waren sie ganz einer Meinung.

Aus dem Chor der Damen kam jetzt eine zu mir: «Frau Plessner, seien Sie willkommen. Ich bin Raja, die Frau von Aron Gurwitsch. Unsere beiden Männer haben bei Husserl studiert. Sehen Sie, wie sie alles um sich herum vergessen haben?» Gurwitsch und Helmuth schienen im Geiste auf Husserls berühmtem schwarzem Ledersofa zu sitzen. Auch Gurwitsch war erst nachträglich zur Graduate Faculty gestoßen: auf dem Umweg über Paris und die Brandeis University in Boston. Er war mit Alfred Schütz befreundet gewesen, einem frühen und, wie Gurwitsch, ganz eigenständigen Husserl-Interpreten. Die New School ist durch die beiden zur ersten Pflanzstätte der Phänomenologie in Amerika geworden; auch der kongeniale Husserl-Übersetzer Cairnes gehörte zum Kollegium.

Als ich mit Frau Raja zu unseren Männern kam, sprachen die gerade über zwei verstorbene Gründerväter der University in Exile: den Musikologen

Erich von Hornbostel und den Gestaltpsychologen Max Wertheimer. Helmuth kannte beide aus seiner Zeit als Herausgeber des «Philosophischen Anzeigers» in den späten zwanziger Jahren. Bezeichnend für Alvin Johnson war, daß er sich diese beiden und nicht etwa einen deutschen Altphilologen geholt hatte. «Mir liegt die akribische deutsche Philologie nicht», gestand er mir einmal. Sozialforschung war ein so weites Land für ihn, daß selbst Erwin Piscator und Otto Klemperer vorübergehend an der New School wirkten.

In unserer Nachbarschaft ging es inzwischen lebhaft zu. Um den Philosophen und Heidegger-Freund Hans Jonas herum diskutierten, als wäre man im fernen Freiburg, junge Heideggerianer über die anstehende Nachfolge des Meisters. Irgendeiner von ihnen fragte: «Und was meinen Sie dazu, Herr Plessner?» Helmuth griff den Ball auf: «Ich kann Ihnen nur eine Geschichte erzählen, die drüben in aller Munde ist. Ein hoffnungsvoller Aspirant soll einen anderen mit dem Ausspruch verscheucht haben: Aber Sie werden doch vor der Höhle des Löwen keine Würstchenbude aufstellen.» Wie der Zufall so will: Heideggers Nachfolger ist dann doch ein «Argonaut» geworden – Werner Marx.

Arnold Brecht, dem Berufungsgespräche unter Unberufenen ein Ärgernis waren, verabschiedete sich. Brodersen, sichtlich gelangweilt, raunte mir zu: «Möchten Sie nicht den alten Herrn dort an der Küchenleiter begrüßen? Er gehört allerdings nicht zu Johnsons Crew, er heißt Kracauer. Die Whites haben sehr großzügig eingeladen. Ihr Mann zum Beispiel unterhält sich gerade mit Emil Gumbel.»

Mehr als der legendäre Pazifist aus Heidelberg, der sich einst mit Arnold Bergsträsser duelliert hatte, wobei letzterer ein Auge verlor, interessierte mich der Mann von der alten «Frankfurter Zeitung», die meine Eltern hielten. «Ist das wirklich Siegfried Kracauer», fragte ich ehrfurchtsvoll. «Ja», lachte Brodersen. «Aber ganz zu sich selbst ist er erst in diesem Lande gekommen. Das hat sogar Horkheimer, zu dessen Nachhut er gehörte, nicht erwartet.»

Der von Cineasten in aller Welt bewunderte Autor von «From Caligari to Hitler» schneuzte sich. «Ich habe ihn nie anders als verschnupft gesehen.» – «Ach, die Frau Plessner», sagte er heiser: «Adorno hat mir von Ihnen erzählt... Adorno...» Sein Gesicht verklärte sich, wurde aber gleich wieder düster: «Wie finden Sie denn das Asyl für Obdachlose?» – «Aber verehrter Meister», warf Brodersen ein: «Heute sind wir doch alle ganz vergnügt auf Long Island.» Kracauer starrte angeekelt in die Coca-Cola-Pfütze: «Long Island», murmelte er, «dieses ganze Land ist doch Long Island.» Brodersen schwieg höflich. «Oder meinetwegen auch ein Castrum Peregrini», sagte Kracauer versöhnlich. Inzwischen herrschte Aufbruchstimmung. Wir fuhren mit Brodersen in der Subway zurück.

Im Tunnel unter dem East River kam es zu einer Stromstörung. In der plötzlichen Stille kam Brodersen noch einmal auf die Argonauten zurück. «Ja», sagte Helmuth, «ich habe heute ein paarmal daran denken müssen. Nur: Wo ist Jason geblieben?» Darauf Brodersen: «Aber hat man Ihnen denn nicht gesagt, daß Alvin Johnson aus Altersgründen immer erst im Winter nach New York kommt?» – «Und Orpheus?» fragte ich. «Ach, der ist jetzt schwarz, heißt ‹Orfeu› und tingelt irgendwo auf der südlichen Hemisphäre.»

Mit Hannah Arendt bei Julie Braun Vogelstein

Hannah Arendt und wir hatten eine gemeinsame Freundin in New York, bei der wir im Winter 1962/63 mehrmals zusammenkamen: Julie Braun Vogelstein, Brauni genannt, war neunundsiebzig, schwerhörig, schmächtig und reich. Mit ihrer Gesellschafterin, Natalie Freyberger, und zwei schwarzen Angestellten wohnte sie, unweit von Harlem, am Riverside Drive, damals schon keine ganz noble Adresse mehr.

Am Abend nach unserer Ankunft waren wir zum Dinner eingeladen. Der alte Fahrstuhl entlud uns im achten Stock, wo unser Läuten merkwürdige Geräusche verursachte. Innen wurden schwere Balken bewegt, ein Riegel quietschte, eine Kette klirrte, bevor sich ein Türschlitz öffnete. «Ist Ihnen auch niemand gefolgt?» fragte ein rauchiger Alt. Wir verneinten und wurden eingelassen. «Freyberger», stellte der Alt, eine schlohweißhaarige Dame mit tragischem Gesicht, sich vor: «Frau Braun erwartet

Sie.» Unsichtbare Hände schlugen eine schwere Portiere zurück, die ein lebendes Bild freigab: Braunis Kinderfigur auf Zehenspitzen mit ausgebreiteten Armen. «Monika! Herr Plessner! Willkommen!» Eilige Trippelschritte, dann kuschelte Braunis von Lockennadeln starrender Kopf sich bei mir ein, während Helmuth einen Kuß auf die Hand mit den Altersflecken und dem Goethering hauchte.

Ja, Braunis einziger Schmuck war ein Ring von Goethe, ein schmaler Goldreif mit einem spitz zulaufenden Bergkristall. Der alte Goethe hatte ihn dem «Frauenzimmerchen» Jenny von Pappenheim, illegitimer Tochter des Jérôme Napoléon, an den Finger gesteckt und, so die Familienlegende, gesagt: «Das ist der Pfeil, mit dem Sie mich ins Herz getroffen hat.» Aus Jenny von Pappenheim wurde Jenny von Gustedt, Großmutter der Lily Braun, des Enfant terrible der sozialdemokratischen Partei der Kaiserzeit. Nach deren Tod 1916 heiratete der Witwer Heinrich Braun, Sozialpolitiker und Theoretiker des Revisionismus, Dr. phil. Julie Vogelstein. Die kluge Tochter des Oberrabbiners von Stettin erbte den Goethering und mit ihm Lily Brauns «Schatten der Titanen».

Die Komik des Empfangszeremoniells wurde uns erst recht bewußt, als wir Hannah Arendt und ihren Mann bei Brauni trafen. «Hannahchen! Blücher! Willkommen!» Blüchers kamen aus den Ferien in den Catskills, wo Hannah ihren Bericht über den Eichmann-Prozeß für die Zeitschrift «New Yorker» geschrieben hatte. Jetzt mußten sie sich wieder auf ihre Wochenendehe einstellen. Sie lehrte im Winter an der Wesleyan University in Connecticut, er upstate New York am Bard College in Rhinebeck.

Helmuth kannte Hannah Arendt noch als Ehefrau von Günther Stern (Anders). Ich war ihr erst 1954 in Bad Ragaz begegnet, wo sie im Gefolge von Karl und Gertrud Jaspers an einem Symposion zum hundertsten Todestag von Schelling teilnahm. Acht Jahre später fand ich sie unverändert: eine nachlässig gekleidete, stattliche Frau, deren sephardisch-semitisches Gesicht makellos gewesen wäre, hätte sie nicht die großen Kettenraucherzähne so ungeniert entblößt, wenn sie lachte. Und Hannah Arendt lachte oft und gerne.

Daß sie Grund dazu hatte, sah man Heinrich Blücher an, einem Pykniker, dem Lust und Witz an der breiten Stirn geschrieben standen. Auf den ersten Blick wirkte er wie jemand, der nie Probleme hat. Sein Händedruck war so fest, daß er schmerzte.

«Kommt, meine lieben, lieben Gäste», zwitscherte Brauni und ging vor uns her ins Eßzimmer, dessen dunkle Spätbiedermeiermöbel Helmuth schon aus Kleinmachnow kannte. Braunis Bruder Theodor aus der Schule der «Kathedersozialisten» hatte ihn einmal zum «jour» mitgenommen. Zu den vielen Freunden der Brauns gehörten der Kunsthistoriker Georg Dehio, der Germanist Konrad Burdach, der Philosoph Ernst Troeltsch und der Nationalökonom Werner Sombart. Gelegentlich kamen auch der Orientalist C. H. Becker – zeitweilig preußischer Kultusminister –, der Historiker Friedrich Meinecke, der Pianist Frederick Lamond und Arnold Brecht aus dem preußischen Innenministerium. Er war der einzige, der zu unserer Zeit noch lebte. Brauni lud in New York ihrer Schwerhörigkeit wegen nie mehr als vier Personen ein. Im Alter war es still um sie geworden.

Bei Tisch winkte sie Hannah Arendt neben ihr «gutes» Ohr. Helmuth mußte mit dem schlechten vorliebnehmen, und Heinrich Blücher und ich rahmten Frau Freyberger ein. «Nun erzähle mal, Hannahchen. Wie war es dieses Jahr in eurem Tusculum? Was hast du geschrieben?» – «Och, nichts Besonderes. Nichts nach deinem Geschmack», antwortete Hannah Arendt ausweichend. «Erzähl du lieber, Brauni. Was machen die Memoiren?» Brauni wurde lebhaft: «Stell dir vor, ich mußte wieder alles umkrempeln. Es war immer noch indiskret. Memoirenschreiber können gar nicht diskret genug sein.» – «Aber Verehrteste», unterbrach Heinrich Blücher augenzwinkernd: «Was sagen Sie denn zu Augustinus oder Rousseau?»

Den Kaffee nahmen wir in der Bibliothek mit ihren deckenhohen Regalen voll einheitlich gebundener Bücher. Ein Frauenakt von Lehmbruck und eine spätgotische Madonna nahmen sich geradezu frivol aus zwischen den Truhen, die das «Archiv» bargen: kostbare Zeugnisse der politischen und gelehrten deutschen Geschichte von Kaiserreich und Republik, Heinrich und Lily Brauns Nachlaß.

«Bitte, liebes Kind, tun Sie sich keinen Zwang an.

war. Der Erfolg dieser heute noch ergreifenden Feldpostbriefe war beispiellos. Aber Otto Braun war Halbjude. 1933 wurde das Buch aus dem Verkehr gezogen.

Heinrich Blücher und Helmuth saßen mir gegenüber, rauchten Zigarren und tranken Cognac. Hannah Arendt hatte sich auf dem Teppich niedergelassen, Aschenbecher und Glas neben sich. Die Männer unterhielten sich wie alte Bekannte. Daß Helmuth Rudolf Borchardt Stefan George vorzog, genügte Blücher, und daß dieser den frühen mehr als den späten Husserl schätzte, genügte Helmuth, Wohlgefallen aneinander zu finden.

Wir wußten bisher von Heinrich Blücher nur, daß er Arbeiterkind und ehemals – allerdings unorthodoxer – Kommunist war. Seinen Namen hielt man für Tarnung, und manche Leute meinten, er sei nichts weiter als Hannah Arendts Ehemann. Sie habe halt einen «Paria», wenngleich nichtjüdischer Couleur, geheiratet. Den vielen Verfassern von Sekundär- und Tertiärliteratur auf dem akademischen Markt war es nicht zu verargen, daß sie jemanden, der mit sechzig Jahren noch nichts Gedrucktes vorzuweisen hatte, wissenschaftlich nicht ernst nahmen. Blüchers kümmerten sich nicht darum. In ihrem «Clan» wußte jeder, wer Heinrich Blücher war. Auch die Oberen des angesehenen Bard College müssen es gewußt haben, als sie sich keinen zünftigen Philosophen, sondern ihren «Sokrates» holten. Hannah Arendt als dessen Platon war mehr als ein gutmütiger Scherz.

Seit «The Origins of Totalitarianism» (1951) – ein Fazit aus beider Erfahrungen mit Faschismus und Stalinismus – ist keines der Bücher von Hannah Arendt ohne Blüchers Einfluß entstanden. Durch ihn und mit ihm ist die apolitische Existentialistin zur Theoretikerin der Politik geworden. Als Denker waren die beiden offenbar so ineinander verschränkt, daß selbst Kenner oft nicht unterscheiden konnten, welcher Gedanke von ihm oder ihr stammte. Rivalitätsgefühle kannten sie nicht. Vielmehr gingen sie in unserer Gegenwart miteinander um wie altmodische Eheleute. Sie überließ ihm die Gesprächsführung, widersprach selten und nur in Form einer Frage, lachte über Witze, die sie längst kannte, und bewunderte ihn sichtlich uneingeschränkt: kein Vorbild für Feministinnen.

Bei aller Rationalität war sie aufgeschlossen für Lyrik und poetische Prosa. Er dagegen war Ästhet mit allen Sinnen, genuin und vorurteilsfrei. Der lebensgierige Prolet hatte sich im Berlin der zwanziger Jahre nicht in die Abgründe des «Seins zum Tode» verloren, sondern als einer, der – nach einem Giftgasangriff – «noch einmal davongekommen» war, sich auf alles gestürzt, was ihm schmeckte. Süchtig, aber diszipliniert hatte er gelesen: Philosophie von den Vorsokratikern bis zur Gegenwart, Geschichte, Kunstgeschichte und Dichtung. Abends saß er im Theater, Kabarett, Zirkus oder Kino. Noch nach vierzig Jahren sprach er von Asta Nielsen, Pola Negri, der jungen Bergner, als habe er sie gerade am Broadway gesehen. Chaplin in «The

Kid» imitierte er so täuschend, daß ich nicht einmal die Melone vermißte, und ob er oder Helmuth den «Großen Diktator» besser mimte, grenzte an eine Gewissensentscheidung für mich.

Als Brauni die fidelen Philosophen bat, lauter zu sprechen, pfiff Blücher «Püppchen, du bist mein Augenstern». Die allgemeine Heiterkeit brachte Hannah Arendt darauf, Helmuth zu fragen: «Wie konnten Sie nur im Exil über ‹Lachen und Weinen› schreiben?» Helmuth sah sie verwundert an: «Aber warum denn nicht?» – «Weil man damals doch alle Kraft zur Erhaltung seiner Menschenwürde brauchte.» Helmuth zögerte – und fragte dann unvermittelt: «Sind Sie eigentlich musikalisch, gnädige Frau?» Hannah Arendt schüttelte ärgerlich den Kopf. Blücher, der gespannt zuhörte, pfiff: «Ich küsse Ihre Hand, Madame». Spürte er vielleicht, daß Helmuth «Musikalität» für das Summum humanum, die Einheit der Sinne in sprachlosen Räumen hielt?

Brauni spielte indessen unruhig mit dem Goethering: «Verzeiht, liebe Freunde. Wollen wir nicht endlich über die Stiftung sprechen?» Sie hatte uns schon erzählt, daß sie die Einkünfte aus ihrem riesigen Vermögen, das sie ihrem verstorbenen Lieblingsbruder Ludwig – er hatte große Kupfervorkommen in den Vereinigten Staaten entdeckt – verdankte, nach ihrem Tode einer «Ludwig Vogelstein Stiftung» zukommen lassen wollte. Nutznießer sollten «Betroffene» und «Nichtbetroffene» sein, die sie versöhnen wollte. Eine wichtige Aufgabe der

Stiftung würde die Auswertung des «Archivs» sowie die Pflege der literarischen Hinterlassenschaft aller Mitglieder der Familien Braun und Vogelstein sein. «Hast du's dir durch den Kopf gehen lassen, Hannahchen? Ich werde bald achtzig.» – «Aber natürlich, Brauni. Ich denke daran. Aber vorläufig wollen wir dich noch viele Jahre behalten.» Arendt richtete sich zu ihrer vollen Höhe auf und nahm die schmächtige alte Frau zärtlich in ihre Arme.

Ich habe mich oft gefragt, warum sie so an Brauni hing. Sie hatte sie erst Anfang der vierziger Jahre in New York kennengelernt: durch den ältesten der drei Vogelstein-Brüder, den früheren Oberrabbiner in Königsberg (zuletzt in Breslau) und Freund der Familie Arendt. Brauni hatte sich tatkräftig für Hannah Arendts Mutter eingesetzt, die aus Ostpreußen nach Paris emigriert und – genau wie die Tochter – dem Internierungslager Gurs entkommen war. Aber Hannah Arendt empfand offenbar mehr als Dankbarkeit für ihre Wohltäterin. Die Verfasserin des Lebensbildes einer Jüdin der Romantik liebte die Jüdin aus dem kaiserlichen und republikanischen Deutschland. Etwa weil Braunis Existenz Rahel Varnhagen, wie Hannah Arendt sie sah, widerlegte?

Tatsächlich hat Julie Vogelstein ihre Geburt nie als «infam» empfunden, und Julie Braun war weder «Paria» noch «Parvenu» geworden. Im rabbinischen Elternhaus hatte sie vielmehr gelernt, ihre deutsch-jüdische Doppelidentität als Aufgabe zu betrachten. Die Eltern Vogelstein hatten ihre vier Kinder bewußt zu Trägern beider Traditionen erzogen.

Hannah Arendt dagegen, religiös kaum geprägt, hatte ihre jüdische Identität erst entdeckt, als die deutsche ihr aberkannt wurde. Als Emigrantin in Paris wurde sie aktive Zionistin und nahm schließlich nach erneuter Vertreibung in New York aus voller Überzeugung die amerikanische Staatsbürgerschaft an.

Brauni hatte ein besseres Los gezogen. Als die SA sie aus dem Idyll in Kleinmachnow vertreiben wollte, waren Helfer zur Stelle, so daß ihr kein Haar gekrümmt wurde: Adam von Trott zu Solz und sein Freund Hasso von Seebach. Mit beider Hilfe wurde der gesamte Hausstand nach Carmel an der pazifischen Küste verlegt, wo sogar wieder ein «Salon» entstand. Außer Bruder Ludwigs amerikanischen Freunden kamen neben Adam von Trott und Hasso von Seebach Paul Tillich und Arnold Bergsträsser. Erst als die Schwerhörigkeit allzu lästig wurde, zog Brauni nach New York, wo sie, scheinbar unangefochten, ihre Freunde empfing und an den alten Idealen festhielt.

Wirklich unangefochten? Brauni litt seit den letzten Jahren in Deutschland an einer Krankheit, die eine starke seelische Komponente hat: Angina pectoris. «Sie hat Angst, und sie übernimmt sich», sagte Helmuth, als wir einmal wegen einer ihrer Erstickungsanfälle ausgeladen wurden. Warum wohl ließ sie ihre Wohnung mit Balken, Riegel und Kette versperren?

Zwischen Weihnachten und Neujahr gab sie uns die damals gerade aktuelle Fassung ihrer Memoiren.

Helmuth blätterte und sagte nur: «Schade!» Ich las gründlich und begriff plötzlich, woran Brauni litt: an der Unterdrückung der natürlichsten Regungen – Eifersucht, Neid, Zorn, Haß, Empörung. Sie glaubte – oder gab vor –, in einer heilen Welt unter lauter Gerechten gelebt zu haben. Lily Braun beispielsweise, die Rivalin, mit der Heinrich Braun und sie lange eine Ménage à trois geführt hatten, war eine edle Dulderin, die ihr Mann und Sohn vermacht hatte. Bruder Ludwig, Industrie- und Finanzmagnat, hatte immer «nach der Bergpredigt» gelebt. Antisemiten? Gab es nicht schon im alten Rom eine Misera plebs? Völkermord? Die Geschichte ist voll davon. Täter und Opfer? Gott läßt seine Sonne über Gerechte und Ungerechte scheinen. War das nun Altersweisheit oder Lebenslüge? Oder nur die Banalität des Guten?

Anfang Februar kamen wir noch einmal mit Blüchers bei Brauni zusammen. Hannah Arendt protestierte energisch, als Brauni das «liebe Kind» nach Tisch entlassen wollte: «Frau Freyberger muß doch unsere Reisetermine kennen, damit wir uns nicht verfehlen.» – «Aber Hannahchen, ihr verreist, ich nicht. Ich bin gerade so gut im Zug mit den Memoiren.» – «Du brauchst Erholung, Brauni, und ich möchte noch einmal mit dir auf der Akropolis stehen. Weißt du noch? Und dann solltest du die Einladung nach Beirut annehmen.»

Blüchers begleiteten uns zur Subway: «Bitte, helfen Sie mir. Brauni muß unbedingt bald nach Beirut fahren. Ich habe das eingefädelt, damit sie im März und April nicht hier ist.» – «Aber warum denn?» fragte ich. «Weil dann meine Eichmann-Artikel erscheinen. Sie darf sie nicht in die Finger bekommen.» Wir wunderten uns. «Ich möchte diese Freundschaft nicht verlieren», sagte Hannah Arendt schlicht.

Ihr Bericht über den Eichmann-Prozeß erschien vom 23. Februar bis zum 16. März in fünf Fortsetzungen im «New Yorker». Im Mai folgte die Buchausgabe. Hannah Arendt war Mitte Februar zum 80. Geburtstag von Karl Jaspers nach Basel geflogen, traf sich anschließend mit ihrem Mann und hielt sich mit ihm zusammen bis über den Juni hinaus im Mittelmeerraum auf. Blüchers waren also, als die sogenannte «Eichmann-Kontroverse» zuerst in New York und dann überall in der Welt, wo Juden wohnen, losbrach, mit unbekannter Adresse auf Reisen.

Ich habe den Bericht mit Empörung gelesen. Helmuth sagte kurz: «Mutig. Aber naiv und taktlos.» Ausnahmsweise war ich anderer Meinung. Mutig und taktlos, zugegeben. Aber naiv? Die Verfasserin der «Lebensgeschichte einer deutschen Jüdin aus der Romantik» konnte nicht naiv sein. Nur geschundene Liebe bringt so viel Lieblosigkeit auf. Ich erkannte das Rahel-Buch im Eichmann-Bericht wieder. Wie vor dreißig Jahren gegen Rahel Varnhagen, so wütete Hannah Arendt jetzt gegen die toten Juden der Konzentrationslager und besonders gegen die Sterbehelfer, die gleichfalls todgeweihten Judenräte.

Lieblosigkeit aus verzweifelter Liebe: Züchtige deinen Nächsten wie dich selbst.

Brauni ist damals nicht nach Beirut geflogen. Sie hat während der Eichmann-Kontroverse an ihren Memoiren gearbeitet. Hat sie wirklich nichts gewußt? 1966 schickte uns ihr Verleger die Memoiren nach Zürich. Die endgültige Fassung war weniger «banal» als die, die ich vier Jahre zuvor gelesen hatte. Stutzig machte mich, daß von Hannah Arendt längst nicht so ausführlich und enthusiastisch die Rede war. War etwa doch eine Entfremdung eingetreten? New Yorker Freunde erzählten uns, Brauni habe alle Kontakte abgebrochen und sei ganz auf Frau Freyberger angewiesen.

Hannah Arendt hat die Ludwig Vogelstein Stiftung für Israel eingesetzt: für die Opfer und Hinterbliebenen des Sechs-Tage-Krieges und für eine Verständigung mit den Arabern – eine Utopie? Sie glaubte daran. Heinrich Blücher ist 1970 gestorben, Hannah Arendt fünf Jahre später. Beide sind auf dem Friedhof von Bard College begraben. Braunis Archiv ist im Leo Baeck Institut in New York für die Forschung zugänglich.

Pioneer's Progress

Am 26. Januar 1963 waren wir bei Hans Staudinger am Washington Square in Greenwich Village eingeladen. Der einstige Staatssekretär im preußischen Handelsministerium, seit einem Vierteljahrhundert Professor an der New School for Social Research in New York, führte uns in eine für Emigrantenverhältnisse opulente Wohnung, deren Fenster den Blick auf die abendliche Fifth Avenue mit Myriaden funkelnder Lichter freigaben. Vor dem Kaminfeuer prunkte die typisch amerikanische Sitzgarnitur mit Beitischen links und rechts vom Sofa. Die obligaten Zwillingslampen auf schweren Silberfüßen warfen ihr durch altrosa Seidenschirme gedämpftes Licht auf die schilfgrünen Möbelbezüge und den chinesischen Teppich. Nichts erinnerte daran, daß die Bewohner der luxuriösen Behausung Haft und Heimatverlust, Armut und den Kampf um eine neue Existenz erlebt hatten.

In einem der Fauteuils saß eine füllige alte Dame,

die uns, noch bevor der Gastgeber zur offiziellen Vorstellung ansetzen konnte, temperamentvoll im Idiom des Rosenkavaliers begrüßte: «Ich bin ja so gespannt auf den Theodor-Heuss-Professor der New School. Ich muß unbedingt darüber nach Stuttgart berichten. Der Altbundespräsident ist ein Freund von mir. Ich bin Toni Stolper.» Helmuth kombinierte: Gustav Stolper, Begründer der Zeitschrift «Der deutsche Volkswirt» und in den letzten Jahren der Republik Reichstagsabgeordneter der deutschen Staatspartei, war ursprünglich Österreicher. «Ja, das war mein Mann. Er ist hier in New York gestorben. Ich bin schon lange allein. Wenn die alten Freunde nicht wären...»

Frau Stolper sah dankbar auf zu einem hochgewachsenen, mageren Greis mit Tabakskrümeln auf dem zerknitterten Anzug und roten Gärtnerhänden. Das war Alvin Johnson, 88 Jahre alt, Gründer und erster Präsident der New School for Social Research, an der er in den Jahren des Unheils 1933 bis 1945 etwa zweihundert europäischen Gelehrten, Politikern und Künstlern Obdach gewährt hatte. Wie oft außergewöhnliche Menschen sah er unbedeutend aus: ein menschenfreundliches Landschullehrergesicht mit verblaßten Augen hinter scharfen Brillengläsern. Weil er selbst kein Haus mehr führen konnte, hatte er seinen Intimus Hans Staudinger gedrängt, uns einzuladen, sobald er selber wieder in der Stadt war. Er wollte sich ein Bild machen von dem Philosophen, den das Bonner Auswärtige Amt für ein Jahr geschickt hatte.

Nach dem Aperitif, den wir stehend einnahmen, führte Hans Staudinger Toni Stolper, Helmuth die Frau des Hauses und Alvin Johnson mich zu Tisch. Ob wir gut untergekommen seien, fragte er. Als ich das bejaht hatte, bedankte er sich bei Frau Staudinger für die Einladung und hielt danach jede weitere Teilnahme am Parlieren zur Vorspeise für überflüssig. Das Filet Wellington mit Maronen und Rahmspinat rührte er kaum an, stocherte aber in einer gebackenen Idahokartoffel herum und trank Bourbon mit Soda: «Old man's milk», erklärte er mir, das einzige Getränk, das ihm gut bekomme.

Erst bei der Nachspeise hielt er seine Zeit für gekommen, beugte sich zu Helmuth hinüber und fragte ohne Umschweife: «Worüber werden Sie mit den Studenten arbeiten?» – «Über philosophische Anthropologie», antwortete Helmuth lakonisch. «Was ist das?» wollte der Frager, souverän genug, Unkenntnis zu offenbaren, wissen. Hans Staudinger, der wahrscheinlich tiefgründige Erklärungen befürchtete, griff ein: «Ich schlage vor, Herr Plessner, Sie geben Dr. Johnson ‹Die verspätete Nation› zu lesen.» – «Aber das ist doch keine Philosophie! Das ist doch Politik oder Geschichte», korrigierte Toni Stolper. «Bei deutschen Professoren ist alles Philosophie», entschied Frau Staudinger und hob die Tafel auf. Ihr Mann sah sie geschmeichelt, Alvin Johnson zweifelnd und Helmuth belustigt an.

Den Kaffee nahmen wir in den schilfgrünen Fauteuils. Alvin Johnson zog eine Stummelpfeife samt Virginiatabak aus der Tasche: «Old man's bread», brummelte er. Wollte er uns Uneingeweihte mit seinen Gewohnheiten vertraut machen? Toni Stolper, in der offenbar eine Feministin steckte, wandte sich ostentativ an mich und fragte: «Was haben Sie denn getrieben, Frau Plessner? Nach Philosophie sehen Sie nicht aus. Erzählen Sie mal.» – «Erwachsenenbildung», bekannte ich, nicht ohne Verlegenheit, hatte doch die nämliche Antwort auf die nämliche Frage vor zehn Jahren Max Horkheimers Unmut erregt. Bei Alvin Johnson war die Wirkung entgegengesetzt: «Erwachsenenbildung? Volkshochschule? Gibt es das jetzt wieder in Deutschland? Seit wann? Wo haben Sie gearbeitet?»

Nach dem Vorbild der deutschen Abendvolkshochschule hatten amerikanische Professoren, darunter der Philosoph John Dewey, der Soziologe Thorstein Veblen und der Nationalökonom Alvin Johnson, zwischen den beiden Weltkriegen die New School for Social Research gegründet: «zur Erziehung der Erzogenen». Alvin Johnson war ihr erster Leiter gewesen. Daher das Interesse.

Der Abend zog sich noch lange hin. Das Gespräch wurde immer lebhafter, und Helmuth und Johnson fanden sichtlich Gefallen aneinander. «Ich wohne gleich um die Ecke», sagte er schließlich, ergriff den zerbeulten Filzhut und wickelte sich einen gestrickten Schal um den Hals. Ohne Mantel stapfte er neben uns durch die eiskalte Nacht bis zur sechsten Avenue, wo wir den A-train in Richtung uptown nahmen.

Als ich am nächsten Morgen vom täglichen Einkauf bei «A&P» am Broadway zurückkam, überreichte mir unser schwarzer Pförtner ein Päckchen. Dr. Johnson sei enttäuscht gewesen, weil niemand zu Hause war, sagte er vorwurfsvoll und: «Dat's truly a great man.» Beim Öffnen fiel mir ein Zettel entgegen, auf dem stand: «To my friends, new and sunbright, the Plessners». Helmuth bekam Nr. 102 einer auf 150 Exemplare beschränkten Sammlung von Kurzbeiträgen Johnsons zum «New School Bulletin». Der Titel: «Ideas are High Explosions». Ich bekam die 1952 erschienene Autobiographie «Pioneer's Progress». Helmuth war über Mittag in der New School, so daß ich gleich anfangen konnte zu lesen. Was für ein Leben! Was für ein ungewöhnlicher, ganz und gar eigenständiger Mensch!

Eine Porträtskizze von ihm hat uns keiner seiner deutschen Schützlinge hinterlassen. Arnold Brechts Laudatio anläßlich der Ehrendoktorwürde, die die Philosophische Fakultät der Universität Heidelberg dem Achtzigjährigen verlieh, schildert zwar die Lebensleistung. Der Mensch dahinter, der ähnliche Ehrungen in aller Welt erfuhr, tritt darin jedoch nicht in Erscheinung. Zehn Jahre vorher hatte Thomas Mann dem Siebzigjährigen in New York die Geburtstagsrede gehalten: «Alvin Johnson – World Citizen»: ein preziöses Stück Prosa, würdig und schmeichelhaft. Aber war der Mann mit dem freundlichen Landschullehrergesicht und den Tabakskrümeln auf dem Revers wirklich ein Weltbürger? Bürgerlich jedenfalls war er nicht – und alles andere als weltmännisch. Merkwürdig, daß Carl

Zuckmayer in «Als wär's ein Stück von mir» sich zwar an leidvolle Erlebnisse in Erwin Piscators «Dramatic Workshop» an der New School erinnerte, deren Gründer und damaligen Präsidenten jedoch mit keinem Wort erwähnt. Erstaunlich auch, daß die Bedeutung der New School für den Theorietransfer von Europa in die Vereinigten Staaten und dessen wirtschaftspolitische und wissenschaftliche Folgen erst in jüngster Zeit untersucht werden.

Der 1874 auf einer der Prärie abgerungenen Neusiedlerfarm im entlegenen Nebraska geborene Sohn eines dänischen Einwanderers verdankt seinen angelsächsischen Allerweltsnamen der Willkür eines unwirschen Paßbeamten. Sein Vater hieß Jens Jensen Deyrup. «So einen Namen gibt es bei uns nicht. John Johnson genügt», entschied der Torhüter des Landes der angeblich unbegrenzten Möglichkeiten. Als Kind hat Alvin Johnson hart arbeiten müssen. Als er dreizehn wurde, übertrug der Vater ihm die volle Verantwortung für Farm und Familie und weckte damit seinen Ehrgeiz. Die Mutter dagegen, in deren Familie es allerlei Sonderlinge gab, hielt ihn für einen «geborenen Philosophen». Auch das spornte ihn an.

Die Schule beschränkte sich auf drei Wintermonate. Aber wozu gab es Nächte? Daß er die Universität von Nebraska in Omaha besuchen konnte, verdankte er unermüdlichem nächtlichem Selbstunterricht. Sein Traumfach war Altphilologie, griechische Mythologie vor allem. Aber auch amerikanische Geschichte zog ihn magisch an. Der Vater hatte, ehe er Farmer wurde, Indianer in ein Reservat begleitet und nie einen Hehl aus seiner Empörung über das den Uramerikanern angetane Unrecht gemacht. Als glühender Gegner der Sklaverei hatte er am Bürgerkrieg teilgenommen. Kein Wunder, daß er dem Sohn einprägte, die amerikanische Unabhängigkeitserklärung so ernst zu nehmen wie die Bibel.

Hin und her gerissen zwischen widerstreitenden Neigungen, zog Alvin Johnson, eben junger Griechischlehrer, in den spanisch-amerikanischen Krieg: eine Erfahrung, die ihn verwandelte. Er bezog noch einmal die Universität in Omaha und studierte Nationalökonomie mit dem erklärten Ziel: «Kampf für Gerechtigkeit und Neubelebung der demokratischen Ideale, denen monopolistische Gier und schikanöse Politik schwer zugesetzt haben.» Rastlosigkeit und Reformeifer trieben ihn als Professor für Nationalökonomie jahrzehntelang von Hochschule zu Hochschule. Von Omaha nach New York, von da nach Pennsylvania an das elitäre Mädchencollege Bryn Mawr, weiter nach Texas, Chicago, Cornell, Stanford und schließlich wieder nach New York in den Kreis von Gesinnungsgenossen an der Columbia University.

Als Mitbegründer der liberalen Wochenschrift «The New Republic», deren erste Nummer im November 1914 erschien, griff Alvin Johnson ein in die politische Meinungsbildung: gegen jegliche Form der Diskriminierung und gegen Imperialismus und Chauvinismus, aus welcher Richtung auch immer.

1919 folgte die Gründung der New School aus ebendiesem radikal demokratischen Geist. «Im Krieg und in der Nachkriegszeit waren Akademiker… ganzen Sturzbächen emotional aufgeladener Schlagworte ausgesetzt: Deutschenfreund, Pazifist, Sozialist, Roter, Rosaroter.» Johnsons und seiner Freunde trotzige Antwort: Rückgriff auf eine Bildungseinrichtung deutscher Herkunft.

Als die sozialreformerischen Impulse der Abendvolkshochschule 1933 in Deutschland vom entfesselten Nationalismus erstickt wurden, war Johnson auch «in tiefer Sorge um eine Institution, die vor der Welt dagestanden hatte als sicherste Festung der Freiheit, die deutsche Universität». Das «Gesetz zur Wiederherstellung des Berufsbeamtentums», das die deutschen Universitäten bis zur Unkenntlichkeit veränderte, beantwortete er unverzüglich mit der Gründung der «University in Exile» – bei der Namengebung hat er an San Pietro in Vincoli in Rom gedacht – auf dem Fundament seiner Abendvolkshochschule. Für das akademische Jahr 1933/34 kündigten vierzehn deutsche Professoren Vorlesungen an: die «Mayflowergruppe» der heutigen Graduate Faculty, einer der angesehensten Hochschulen für Sozial- und Wirtschaftswissenschaften in den Vereinigten Staaten. Die gezielte Auswahl, die Johnson traf, verdankte er seiner bedeutendsten Leistung für das eigene Fach: der Herausgabe der fünfzehnbändigen «Encyclopedia of the Social Sciences» in den Jahren 1927 bis 1934. Auf vielen Reisen nach Europa – 1932 zuletzt nach Weimar-Deutschland –

hatte er umfassende Personalkenntnisse gewonnen. Er wußte, wen er nach New York holte. Politisch ging es ihm um theoretische Unterstützung von Präsident Roosevelts «New Deal».

«Im Sommer 1933 trafen die Mitglieder meiner neuen Fakultät ein», schreibt er in «Pioneer's Progress». «Es war erregend, sie am Landungssteg zu erwarten, sie aus der Menge hastender Passagiere herauszufinden. Die Männer wirkten ernst und entschlossen. Die Frauen hatten sorgenvolle Gesichter. Die Kinder waren schüchtern, trippelten aber fröhlich an Land.»

Wer in Amerika etwas gründen will, kann sich nicht auf den Staat verlassen. Alvin Johnson hat ungezählte Bettelbriefe an Mäzene und Stiftungen geschrieben. Es dauerte eine Weile, bis die erste Hilfe in Sicht war, ein Anruf: «Dr. Johnson, Sie kennen mich nicht. Ich heiße Hiram Halle. Es geht da um eine Universität im Exil... Darf ich fragen, wieviel Geld Sie bisher beisammenhaben? ... Ich bin bereit, Ihnen sechzigtausend Dollar zu garantieren. Fangen Sie sofort an.»

1933 waren sechzigtausend Dollar eine ansehnliche Summe. Als sich im Gleichschritt mit Hitlers Beutezügen die Not in Europa mehrte, gab auch die Rockefellerstiftung ihre anfängliche Reserve gegenüber dem «akademischen Abenteurer» auf und entschloß sich zu massiver Unterstützung. Ein solides finanzielles Polster hatte die Graduate Faculty allerdings selbst zu unserer Zeit noch nicht. Alvin Johnson verbrachte viel Zeit mit «fundraising».

In der verbleibenden Zeit war er oft unser Gast. Meistens kam er vormittags, setzte sich mit dem Rücken zum Fenster, legte die silberne Taschenuhr seines Vaters auf den Tisch und trank «old man's milk» in langsamen Schlucken. Was sich denn nach dem Abschluß von «Pioneer's Progress» noch weiter zugetragen habe, wollten wir wissen. «Poor matter», war die lakonische Antwort.

Lebhaft, nein leidenschaftlich wurde er, sobald er auf den Rassenkrieg in den Südstaaten zu sprechen kam. Die «zweite amerikanische Revolution» stand damals auf ihrem Höhepunkt. Johnson hatte seinen Abscheu vor Rassenvorurteilen schon in den vierziger Jahren bezeugt. Mit List, sanftem Zwang und seiner ganzen Überredungskunst hatte er dem Governor von New York State, Thomas Dewey, das erste Gesetz eines Bundesstaates gegen Rassendiskriminierung auf dem Arbeitsmarkt abgerungen. Mußte er nicht verzweifelt sein über das, was sich jetzt nur ein paar Blocks weiter nördlich von uns in Harlem abspielte?

Er war zornig. Aber er resignierte nicht. «Einmal mußte auch das kommen. Ein neuer Schritt.» – «Wohin?» unterbrach ich. «Wohin, wohin?» rief er aufgebracht. «Fragen Sie lieber, woher. Aus der Unmündigkeit natürlich. Dieses Land ist immer noch unterwegs zur Aufklärung. Wir sind keine Utopisten.» Er schwieg, sammelte sich und sprach dann, ohne uns anzusehen oder auch nur die Stimme zu heben: «Handle so, daß die Maxime deines Willens...» Helmuth stimmte ein: «...jederzeit zugleich als Prinzip einer allgemeinen Gesetzgebung gelten könnte.» Danach verabschiedete er sich.

Unterwegs... Meinte er das mit dem Titel der Autobiographie? «The Pilgrims Progress from this world to that which is to come» (Des Pilgers Weg aus dieser in die zukünftige Welt) von John Bunyon, erschienen 1678, ist ein berühmtes Erbauungsbuch, fast so verbreitet wie die Bibel. Johnson hat den Pilger nur durch den Pionier ersetzt und das Woher und Wohin weggelassen. Bekannte er nicht damit schon, daß weder Weltflucht noch Utopie, weder außer- noch innerweltliche Heilserwartung seine Sache waren? Offenbar sah er sich selbst nur als einen der vielen amerikanischen Pioniere, unterwegs zu einem Ziel, das nach jedem Schritt neu abgesteckt werden mußte. Die nach der Unabhängigkeitserklärung unveräußerlichen Rechte jedes Menschen und Kants oberstes Sittengesetz waren die Wegweiser. Als Enthusiast und als Skeptiker, als Menschenfreund und Menschenkenner ist Alvin Johnson nie ins Unwegsame geraten.

Im Mai wurde es heiß, Zeit für ihn, nach Nyack am Hudson zurückzukehren. Zum Abschied lud er uns in ein Lokal unweit der New School ein, das mit seiner dunklen Täfelung, den mit brüchigem Leder bezogenen Stühlen und den vielen Bildern bärtiger Männer an den Wänden wie eine altdeutsche Weinstube aussah: Hier hatte ihn, als er ein junger Nationalökonom war, der alte Karl Schurz einmal an seinen Tisch gebeten. «Ich habe Ihr Buch gelesen», begrüßte er Helmuth: «Deshalb wollte ich Ihnen gerade hier Lebewohl sagen.» Er bestellte Rheinwein und trank uns zu. «Vom Hudson», sagte er: «aber aus rheinischen Reben.» Nach dem Essen begleitete er uns bis zum Broadway. Mitten im Gewühl hielt ein Taxi: «Hallo, Dr. Johnson», rief ihm der schwarze Fahrer zu: «Darf ich Sie irgendwohin bringen?» – «Nein danke, danke Ihnen vielmals. Ich bin am liebsten zu Fuß unterwegs. Aber bitte, bringen Sie meine Freunde nach Hause.» Wir stiegen ein. Er lüftete kurz den zerbeulten Hut, wandte sich ab und tauchte unter in der Menge aller, die unterwegs waren.

Nicht in Andorra

Am 22. September 1963, einem Föhntag, fuhren wir über den Zürichsee nach Erlenbach, um eine Wohnung zu besichtigen, die zu mieten uns Kurt Hirschfeld, Schauspieldirektor in Zürich und seit vierzig Jahren mit Helmuth befreundet, dringend empfohlen hatte. Schon die Schiffsände mit den vielen Geranien in den Schweizer Farben wirkte einladend: links ein Hotel, behäbig, mit Gartenwirtschaft unter einem Dach von Kastanien, rechts der Bootshafen zu Füßen des Friedhofs. Die Turmuhr der schlichten neogotischen Kirche schlug die volle Stunde.

Das Haus an der Seestraße war leicht zu finden und auf den ersten Blick enttäuschend: ein Lebensmittelgeschäft und ein Kramladen an der Straßenfront; im Hinterhaus an einer steilen Gasse der Eingang zu den Wohnungen. Ein Engländer, schlohweiß und taub, öffnete. Er sei der Vater des bisherigen Mieters, eines Opernsängers, der schon zum nächsten Engagement nach Kanada unterwegs sei. Er zeigte uns fünf leere Zimmer mit Loggia, Balkon, Kamin und viel Nebengelaß. Bestrickend war der Blick auf einen überwachsenen Rebgarten, der zu einem schnurrig verbauten Winzerhaus gehörte. Es kehrte uns die Rückseite mit dem Wirtschaftshof zu, in dem auf einem Küchenstuhl eine alte Frau saß. Sie sprach mit Hühnern und Tauben, die ihr um den Kopf flatterten und aus der Hand pickten, bis eine bejahrte Dienerin die Greisin behutsam ins Haus führte. Heute gibt es den Rebgarten nicht mehr, und das Winzerhaus ist einer Überbauung gewichen.

Ich richtete in Gedanken schon ein. Helmuths Schreibtisch paßte ideal in eine der breiten Fensternischen, und der Platz zwischen Loggia und Kamin war wie geschaffen für den runden Tisch, den ich im Zürcher Niederdorf erstanden hatte. Am 5. Dezember zogen wir ein.

Unsere ersten Gäste am runden Tisch waren Kurt und Tetta Hirschfeld. Helmuth hatte Hirschi im Berlin der zwanziger Jahre kennengelernt, aber wieder aus den Augen verloren. Seit 1929 Dramaturg in Darmstadt, war der 1902 geborene Sohn eines jüdischen Kaufmanns aus Lehrte 1933 in die Schweiz emigriert, wo er als Schützling einflußreicher Zürcher Bürger zwar bleiben, aber nicht öffentlich tätig sein durfte. Erst 1938, als das Schauspielhaus unter Oskar Wälterlin Welttheater der «entarteten» Dramatik wurde, holte man ihn als Dramaturgen. Bald darauf wurde er Vizedirektor und nach Wälterlins Tod Hausherr der Pfauenbühne am Heimplatz.

Als ich Helmuth zum ersten Mal nach Zürich begleitete – 1953 zur Uraufführung von Max Frischs «Don Juan und die Liebe zur Geometrie» –, ging es mir mit Hirschfeld wie vorher nur mit Adorno: spontane Sympathie, Vertrauen ohne Vorbehalt. In unseren Göttinger Jahren waren wir in den Universitätsferien oft in Zürich und trafen – nicht nur bei Hirschfelds – alte und junge Freunde: Otto Klemperer, Gershom Scholem, Peter Szondi und viele andere, bei denen wir uns von den anstrengenden akademischen Ritualen in Göttingen erholten.

So auch an einem Abend nach Weihnachten 1960. Hirschi hatte zu einer Probelesung von Max Frischs «Andorra» in die Klosbachstraße eingeladen. Auf dem Wohnzimmersofa saßen Scholem und Helmuth, unter Leselampen rechts und links Hausherr und Autor. Gegenüber blätterte der Schauspieler Ernst Schröder im Textbuch. Tetta versorgte Scholem mit Limonade, uns mit Wein und zog sich zurück.

Hirschi hatte mir Frischs «Tagebuch 1946–1949» geschenkt. Ich war also vorbereitet auf den zeitlosen Hintersinn des Zeitstückes: das Oszillieren ungewisser Identitäten der je eigenen wie uneigenen, gegebenen wie geprägten Person. Frisch markierte Andri und Barblin, das traurige Geschwisterliebespaar, Hirschi die vielen Nebenrollen, und Ernst Schröder verkörperte schon jetzt die ihm zugedachte Rolle, den Lehrer, so überzeugend, als sei der unter all den Figurinen und Masken der einzige Mensch, der Mensch in seiner ganzen Kläglichkeit.

Scholems klares Gesicht spiegelte, was er empfand: Entsetzen, Zweifel, Widerspruch. Helmuth sah ausdruckslos vor sich hin. War er denn nicht, wie ich, ganz aufgewühlt? Paßte ihm etwa die existentialistische Ausweglosigkeit nicht? Oder vermißte er nur die Wucht des Absurden? Ich weiß es bis heute nicht. Ich weiß nur, daß er immer schwieg, wenn von ihm erwartet wurde, ästhetische und politisch-moralische Qualitäten für- oder gegeneinander sprechen zu lassen.

Ein Streichholz flammte auf. Frisch zündete seine Pfeife an. Blauer Rauch kräuselte sich unter den Leselampen. Scholem, irritiert, sprang auf und stellte sich vor das nachtdunkle Fenster.

«Was haben Sie eigentlich gegen Ihr schönes Land, Herr Frisch?» brach er das Schweigen.

«Gegen *mein* Land?»

Der Schriftsteller nahm die Brille ab, blinzelte und putzte umständlich die Gläser.

Hirschi – er verehrte Scholem wie einen Zaddik – warf bescheiden ein: «Aber es geht hier doch um viel mehr als um ‹das Land der Tellensöhne›.» Ernst Schröder sprang ihm bei: «Den Lehrer gibt es jedenfalls überall.»

Helmuth hatte sich inzwischen zu Scholem vor das dunkle Fenster gestellt. «Finden Sie nicht auch, Herr Frisch», sagte er, «daß wir, die wir aus dem ‹Nachbarland› stammen, über ‹Andorra› mit Ihnen nicht rechten sollten?»

Hatte Scholem das gemeint? Ich weiß auch das bis heute nicht. So beredt er war, so zurückhaltend konnte er sein, wenn er sich weder verstellen noch etwas preisgeben wollte. Er kehrte an seinen Platz zurück, sah Max Frisch mit seinen ehrlichen Augen an und sagte: «Ich wünsche Ihnen Erfolg und Glück, Herr Frisch. Vor allem, daß künftig über Ihr Stück gewaltig gestritten wird. Es gibt da einiges, vor allem am Schluß, worüber man streiten müßte. Aber das sollen die Gojim tun – und bitte nicht heut abend. Wo bleibt die Frau Schauspieldirektor?»

Statt dieser trat Hirschfelds zehnjährige Tochter, das Rüthchen, ein. Das Nachthemd reichte ihr bis auf die Füße, und in den Händen trug sie ein großes Lübecker Marzipanbrot: «Das ist nur für dich, Herr Scholem. Das Mammi hat g'seit, die andere solle Chaeskuechli asse.»

Zur Uraufführung von «Andorra» im November 1961 auf der Pfauenbühne konnten wir nicht kommen. Aber 1963 haben wir den New Yorker Mißerfolg erlebt. Es hat wohl so kommen müssen, denn «Long Island» ist die Gegenwelt von «Andorra». Von dort waren die Argonauten aufgebrochen.

Am 29. Mai 1964 war Kurt Hirschfeld zum letzten Mal bei uns, aß wenig, rauchte viel und hustete. Zum Café setzte er sich in den grünen Zürcher Biedermeiersessel, den er «Heinrich» getauft hatte, schlug die Beine übereinander und verlangte: «Helmuth, lies vor.»

Helmuth sollte zur Feier des dreihundertfünfzigsten Gründungstages der Universität Groningen am 21. Juni eine Ansprache halten – im Beisein von Königin Juliana, die an diesem Tag die Ehrendoktorwürde der nach Leiden ältesten Universität der Niederlande erhalten sollte. Die Aufgabe bewegte ihn mehr, als er merken ließ. Was er vorlas, war nicht nur Gratulation und Dank im Namen aller neuen Ehrendoktoren – er selber sollte auch geehrt werden –, sondern zugleich eine Huldigung an die Alma mater, die siebzehn Jahre lang die seine gewesen war. Und so unaufdringlich wie ausdrücklich zog Helmuth ein Fazit über das Wesen dieses Landes, als dessen Schützling in Abstand und Nähe er sich stets empfand.

Der Text ist verlorengegangen, die Ansprache nie gehalten worden. Ich erinnere mich jedoch an einen Gedanken aus der Groninger Abschiedsrede fünfzehn Jahre vorher, der in Variationen wiederkehrte: «Etwas für die Freiheit des Glaubens *und* des Gedankens getan zu haben kann ein mächtiger Schutz... gegen die Verführungen der Radikalität sein. Ein Land, das auf Erasmus *und* Wilhelm von Oranien stolz ist, glaubt an die Verträglichkeit von Vernunft und Barmherzigkeit.»

Hirschi hatte aufmerksam zugehört. Schließlich sagte er: «Ein Land, das Pestalozzi *und* Jacob Burckhardt hervorgebracht hat, steht auch für die Verträglichkeit von Vernunft und Erbarmen... Und unser Land? Haben Lessing und Büchner irgend etwas erreicht? Und dennoch habe ich nicht nur ‹Andorra›, sondern auch ‹Mutter Courage› aufgeführt. Nun gerade.» Er erhob sich schwerfällig und hustete. Mitte Juni bekam er eine Lungenentzündung. Kaum fieberfrei, fuhr er nach Frankfurt, um sich eine Verhandlung des Auschwitzprozesses anzuhören. Zur gleichen Zeit brachen wir auf nach Holland.

Wir fuhren mit dem Käfer durch Westdeutschland und unterbrachen in Wiesbaden. Auf dem Nordfriedhof vor dem Stein mit der verblaßten Schrift fragte Helmuth mich plötzlich: «Möchtest du hier begraben werden?» – «Wieso fragst du? Du etwa?» – «Weiß ich noch nicht. Komm, laß uns gehn.»

Am Nachmittag des 20. Juni kamen wir in Groningen an. Die ehrwürdige Stadt – Helmuth kannte jeden Winkel – schien außer Rand und Band geraten. Über Singel und Heerenstraat wälzte sich ein Heerwurm mit Kind und Kegel zum Groote Markt. Vor dem Hotel Boulig, wo wir wie immer absteigen wollten, spielte eine Mammutdrehorgel – so holländisch wie Windmühlen, Grachten und Tulpenfelder. Der baumlange Portier sah mitleidig auf uns herab. Das Haus sei ja längst von Altherrenverbänden ausgebucht gewesen, als die Universität bestellte; aber gegenüber im «Williams», leider nur garni, sei reserviert. Er winkte einem Pagen, der das Gepäck ins «Williams» brachte. Wir fuhren weiter nach Haren, einem Vorort, wo wir eingeladen waren.

Vor dem Bungalow an der Fazantelaan erwarteten uns schon Mijnheer Ad van Brakel, pensionierter Binnenschiffahrtskapitän, und «die Mutter», eine Greisin im Rollstuhl, an der nur noch die Idealistenaugen und die weißen Hände, ausdrucksvoll wie bei einer Stummen, lebendig wirkten. Sie und ihr Mann, mährische Juden, waren nach der Befreiung aus Theresienstadt zu ihrer mit Ad van Brakel verheirateten Tochter gezogen. Mariann van Brakel hatte vor und nach der Besatzungszeit bei Helmuth Kolleg gehört, kannte aber auch seine Vorliebe für österreichische Mehlspeisen. Und so gab es denn Marillenknödel, einen ganzen Berg, in den Helmuth einen Tunnel grub. Nach Tisch setzten wir uns zu Café und Genever vor das breite Fenster, aus dem man zwischen blühenden Ziersträuchern hindurch auf der anderen Seite der Fazantelaan andere Leute bei Café und Genever sitzen sah. Gardinen gab es weder hüben noch drüben. In Holland versteht man sich auf «Grenzen der Gemeinschaft».

Und dann kam Margit, Marianns beste Freundin. Sie kam eigens aus Amsterdam, um den Festvortrag zu hören. Sie setzte sich neben die Mutter und legte einen Arm in langem weißem Ärmel auf die Lehne des Rollstuhls. Ich wußte, daß der Ärmel das Auschwitz-Brandmal verdeckte, und wann immer ich Margit traf, brannte mein Herz. Sie hatte zu den Opfern des Doktor Mengele gehört und litt noch stets unter Anfällen unerträglicher Schmerzen. Sie war eine schwere, dunkle Frau mit farblosen Augen im teigigen Gesicht. Bei Helmuth war sie Gasthörerin gewesen. Er hatte versucht, sie einzubeziehen in den Kreis der jüngeren Studenten. Aber ihr geschundener Körper ließ verräucherte Diskussionsabende mit viel Borrel nicht zu. Mein Auftauchen in

Helmuths Leben hatte sie mit scheinbarer Gleichgültigkeit hingenommen und noch vor uns geheiratet: einen Herrn in Amsterdam, den Mariann nicht mochte. Es war selten von ihm die Rede, und wir haben ihn nie gesehen.

Das Zimmer im «Williams» war eben groß genug für ein französisches Bett und zwei Stühle. Das Fenster ließ sich auf einen weißgekachelten Schacht öffnen, aus dem Küchendünste aufstiegen. Helmuth schloß es: «Ein Sommernachtstraum», sagte er angewidert. Gegen Morgen erwachte ich, weil er stöhnte. Er stand vor mir auf dem nackten Fußboden und zeigte verzweifelt auf sein Gesicht: eine Fazialislähmung, und die Sprache versagte. Ich brachte ihn dazu, sich wieder hinzulegen, und raste die Stiegen hinunter – verschlossene Türen, leere Räume, die Portiersloge verlassen. Erst im Souterrain fand ich ein verschlafenes Küchenmädchen, dem ich klarmachte, daß sofort ein Arzt kommen müsse.

Zehn Minuten später waren Notarzt und Krankenwagen da. Durch die verödeten Straßen fuhren wir ins «Ziekenhuis». Trotz der frühen Stunde standen Internist und Neurologe, beides alte Bekannte, bald am Krankenbett. Helmuth erkannte sie und versuchte zu sprechen: «Pech», holländisch ausgesprochen, begleitet von einseitigem Lächeln. Nach gründlicher Untersuchung erklärten beide Ärzte, es sei kein Grund zu ernstlicher Sorge: eine «Beroerte», ein leichter Schlaganfall. Ruhe, Schlaf, frugales Essen, täglich eine Infusion, dann sei alles bald überstanden.

Gegen Mittag ging ich über den Groote Markt, wo die Festgäste in die Martinskerk strömten, und durch die Heerenstraat zurück ins «Williams», wo man mir ein bequemeres Zimmer eingerichtet hatte. Einladungen lehnte ich ab. Ich verbrachte die Tage bei Helmuth und die Abende in «de Paun», einem stillen Restaurant an der Ecke Singel/Heerenstraat. Schon am dritten Abend brachte der alte Kellner mir unaufgefordert meinen Mosel und Kroketten, mein holländisches Leibgericht.

Helmuths Zustand besserte sich zusehends. Das Gesicht glättete sich, die Sprache kehrte, verschliffen zwar noch, im Laufe einer Woche zurück. Als er Besuch empfangen durfte, kamen sie alle: Piet und Stien, Dan und Jan und Marietje... die einstigen Groninger Studenten. Sie kamen aus Leiden und Utrecht, aus Amsterdam und Den Haag, brachten Blumen und van Houten-Schokolade, saßen ein Weilchen am Bett und zogen sich dann artig zurück. Auch die einstigen Zimmerwirtinnen kamen und die Kollegen, und eines Tages kam eine offizielle Abordnung mit einem Strauß – im Auftrag der Königin – und dem Ehrendoktordiplom. Als Helmuth die dazugehörige kleine Pellerine aus goldbesticktem Samt im Stil der Herren Doctores des 17. Jahrhunderts seinen Ärzten und Schwestern vorführte, versuchte er zu pfeifen. Es gelang zum Glück noch nicht. Der Anlaß war wohl doch zu ernst für «Till Eulenspiegels lustige Streiche».

Der neue Freund

Mit dem Internisten Professor Manes Kartagener betrat die letzte Hauptfigur unser gemeinsames Leben. Hirschi hatte ihn mir genannt, als ich ihm, der selber schwerkrank im Kantonsspital lag und wenige Monate später starb, bei unserer Rückkehr in die Schweiz berichtete, was Helmuth widerfahren war. «Bring ihn zu Kartagener, er ist der einzige, der für ihn in Frage kommt.» Als ich Helmuth am 2. August 1964 aus der Praxis holte, sagte er: «Ich habe einen neuen Freund.»

Am Nachmittag rief der neue Freund an: er wolle auch mich sehen, bald. Eine kurze Untersuchung mit dem Stethoskop: «Rauchen Sie?» – «Wenig.» – «Alle Raucher lügen.» Wie beiläufig dann die Frage nach meiner Vergangenheit in Deutschland. Daß ich mich nicht stilisierte, weder bußfertig noch als «innere Emigrantin», schien zu befriedigen. Eine kräftige Hand mit Fingern so kurz wie meine griff nach dem Terminkalender: «Können Sie beide am 6. September in die Aurorastraße zum Tee kommen? Bis dahin sind wir eingerichtet. Wir ziehen nämlich gerade um.» Dann rieb er sich die Hände und strahlte: «Ein neues Haus, ein neuer Freund.» Wie ich ihn fände, fragte Helmuth zu Hause. «So ähnlich stelle ich mir deinen Vater vor.»

Manes Kartagener war 1897 in Przemysl geboren. Die alte Königsstadt in Galizien gehörte damals noch zu Österreich-Ungarn. Der Sohn eines chassidischen Rabbiners hätte im Ersten Weltkrieg Soldat werden müssen; da dies seine Religion verbot, war er ausgewandert. Mittellos kam er 1916 nach Zürich, hungerte, rauchte und finanzierte sein Medizinstudium durch Hebräischstunden. Seine Begabung fiel dem Internisten Wilhelm Löffler auf. Im Kantonsspital, wo Lehrer und Schüler auf und ab gehend zu philosophieren pflegten, hieß ein bestimmter Flur bald «der polnische Korridor» (Przemysl gehört seit 1918 zu Polen). Der junge Professor Kartagener – unter Cardiologen ist sein Name durch die Entdeckung einer angeborenen Anomalie, «das Kartagenersche Syndrom», bekannt – wurde zu angemessener Zeit Bürger der Stadt Zürich.

Das große Wohnzimmer an der Aurorastraße, von dem aus wir am 6. September über den See auf den Ütliberg sahen, beherbergte eine erlesene Bibliothek: Philosophie von den Vorsokratikern bis zur Gegenwart, Judaica aus allen Zeiten der Zerstreuung, deutsche Klassiker, Helvetica und viele historische Werke. «Vermissen Sie etwas?» fragte Frau Kartagener, die amüsiert beobachtete, wie ich verstohlen die Buchrücken überflog. «Bisher nicht.» Und dann lachten wir, bis die Männer mitlachten, und alle vier wußten wir nicht recht warum.

Am Nachmittag des 8. November gingen wir mit unserer sanften Hündin Bianca durch die Erlenbacher Weinberge. An einer Steigung sprangen uns zwei Bullterrier entgegen und stürzten sich auf sie. Helmuth fuhr mit dem Spazierstock dazwischen. Aber die Bestien ließen nicht ab, bis Bianca mit Demutsgebärde am Boden lag. Während ich ihr die blutige Schnauze säuberte, rannte Helmuth wütend bergan: «Nicht mal das kann ich.» Als ich ihn einholte, stammelte er: «Was ist los mit meinem Arm?» Der rechte, der von jeher behinderte Arm, baumelte nun leblos von seiner Schulter. Zum Glück waren es nur ein paar Schritte bis zur Gartenwirtschaft «Zum Pflugstein», wo ich telefonieren konnte. Kartagener kam sofort, gefolgt von einem Krankenwagen. Er gab Helmuth eine Spritze und fuhr mit uns ins Spital «Hirslanden». Auf dem Weg sprach er, als sei nichts geschehen, von einem neuen philosophischen Buch, das Helmuth ihm geliehen hatte: «Sie müssen das unbedingt für die ‹Zürizietig› rezensieren, Plessner.» – «Aber werde ich denn wieder schreiben können?» – «Daran besteht nicht der geringste Zweifel.»

Die Genesung machte gute Fortschritte, und die Kontrolle über den Arm stellte sich bald wieder ein. Aber die Hand, die Schreibhand, blieb verkrampft.

Seither hatte Helmuth immer das Gefühl, einen zu engen Handschuh zu tragen, den er abwechselnd durch Spreizen der Finger und Ballen der Faust weiten müsse. Dennoch lernte er wieder schreiben, mit Filzstift auf liniertem Papier in Großbuchstaben, dann mit einem voluminösen Kugelschreiber, den er sich mit der linken Hand zwischen Daumen und Zeigefinger der rechten klemmte. Die Handschrift blieb ungelenk. Aber ich konnte sie entziffern.

Und dann schrieb er und schrieb ... als habe er erst jetzt für sich entdeckt, was Schreiben, was Schrift bedeutet. Mehrfach von «Streifungen» – so das Schweizer Wort für leichtere Schlaganfälle – unterbrochen, schrieb er im Laufe der nächsten fünfzehn Jahre weit über dreißig philosophische und soziologische Aufsätze. Das Thema war, unter welchem Aspekt auch immer, das Problem seines Lebens: Homo absconditus, der verborgene Mensch.

Kartageners Behandlung bestand, abgesehen von Medikamenten, in ständiger Anregung zu Tätigkeit: durch Fragen, Einfälle, Einwürfe, Widerspruch. Auch des neuen Freundes Hauptthema als Arzt und Forscher war, medizinisch, biologisch, anthropologisch, «der Mensch als Lebewesen». Sie waren einander so ähnlich, im Äußeren wie in fast allem, was sie beschäftigte, diese neuen Freunde. Wir Frauen sprachen bald von «unseren Zwillingen».

Im April 1965 trat Professor Wilhelm Keller, Dekan der philosophischen Fakultät der Zürcher Universität, mit dem Wunsch nach Gastvorlesungen an

Helmuth heran. Es kam zu einem Lehrauftrag in den Jahren 1965 bis 1972. Im ersten Kolleg las er Hegels «Phänomenologie des Geistes» am Text mit Interpretationen. Die Hegelsche «Logik», die Kantschen Kritiken, der frühe und der späte Husserl folgten. Der Hörsaal im zweiten Stock war immer voll besetzt, und mitten unter den Studenten saßen Zürcher Bürger und Kollegen aus anderen Fakultäten. Während der Studentenrevolution, die die Schweizer Hochschulen allerdings nicht allzusehr beutelte, hieß es, der jüngste Professor in Zürich sei Plessner. Auch Kartagener nahm sich Zeit für jede Vorlesung, und wenn Scholem in Zürich war – sehr oft in diesen Jahren –, saß er wie ein eifriger Student direkt unter dem Katheder.

An einem Sommerabend 1966 sind an unserem runden Tisch vier Paare versammelt: Scholems, Kartageners und der New Yorker Philosoph Aron Gurwitsch mit seiner Frau Raja. Gurwitschs unterbrachen ihre Sommerreise von New York nach Braunwald im Glarner Land alljährlich bei uns in Erlenbach. Es gibt «Monis große Arie», Rinderfilet mit Rahmsauce. Scholem schnuppert: «Köstlich! Aber koscher ist das ja wohl nicht.» Fanja wirft ihrem Mann einen schelmischen Blick zu: «Hast du Plessners nicht ein schönes Buch mitgebracht, Gerhardczen?» Scholem schüttelt ärgerlich den Kopf: «Das hat doch nun wirklich Zeit bis nach dem Essen, Fanja.»

Helmuths Gesicht wird ausdruckslos, als er die

Widmung liest: «Zur jüdischen Erziehung von Helmuth Plessner – im Andenken an den kabbalistischen Ahnen Rabbi Salomon Plessner – mitgewidmet von Gershom Scholem und Manes Kartagener». Der Titel: «Die Geheimnisse der Schöpfung. Ein Kapitel aus dem Sohar. Von G. Scholem. Schocken Verlag Berlin. 1935». Helmuth sieht den Freund, der ihn aufmerksam beobachtet, dankbar an: «Ich war schon auf ein koscheres Kochbuch gefaßt. Aber wie komme ich denn zu so einer Kostbarkeit?» Scholem wiegt den Kopf hin und her und ist mit einem Schritt bei den Bücherregalen: «Ich werde mich schon entschädigen.» – «Abbewundern» nannten wir die hohe Kunst, die Scholem meisterhaft beherrschte. Dieses Mal findet er nicht das Geeignete und greift zu den Marzipankartoffeln.

Das Gespräch driftet langsam auseinander. Gurwitsch schrieb an einem Buch über Leibniz. Die drei klugen Herren sind brennend interessiert. Frau Kartagener und Frau Gurwitsch sind vertieft in den Plan einer Israelreise. Es gibt keinen besseren Cicerone als Frau Scholem. Ich blättere unterdessen in dem vergilbten Schockenbändchen. Aus der Gefahr, mich in dem mystischen Text zu verlieren, befreit mich Kartagener, der mir das Buch sanft aus der Hand nimmt. Scholems blauer Erzengelblick heftet sich auf mich: «Na, und?» – An die lapidare Sprache der Lutherschen Übersetzung gewöhnt, bin ich verwirrt von der Bildhaftigkeit des Gelesenen: «Grünewaldfarben», sage ich zögernd. «Hm...» Scholem zwinkert Helmuth zu: «Aufnahmeprüfung an der

Universität Muri bestanden.» – «Aber da bist du doch nur Pedell gewesen», fährt ihm seine Frau in die Parade. «Und Präsident der Akademie der Wissenschaften. Ich muß doch sehr bitten, Fanja.» Alle schmunzeln. «Ich erklär dir das später», ruft Helmuth mir über den Tisch zu.

«Jetzt will ich aber endlich wissen, worin meine jüdische Erziehung bestehen soll.» – «Pilpulistik», ordnet Scholem an: «Dafür ist nämlich der Professor Kartagener aus Galizien zuständig.» – «Und ich?» ereifert sich Aron Gurwitsch. «Ich verstehe mich genausogut darauf. Ich bin schließlich ein Litwak aus Wilna.» – «Aber Lorchen, wir fahren doch morgen weiter nach Braunwald», mahnt Frau Raja. Sie stammt aus Fulda und neigt dazu, alles ernst zu nehmen. Scholems und Benjamins Wolkenkuckucksheim-Universität in Muri bei Bern ist offenbar nicht das Ziel ihrer Wünsche.

Die Einführung in die Pilpulistik begann gleich nach der üblichen Engadiner Sommerpause. Wir trafen uns mit Kartageners im «Erlibacher Hof», aßen «g'schnatzeltes Lebberli» und tranken kühlen Maienfelder. Beim dritten Glas setzte Kartagener etwas mühsam eine Schulmeistermiene auf – sie paßte so gar nicht zu seinem guten, breiten Gesicht – und fragte: «Was sagt Ihnen das Wort Pilpulistik, Plessner?» – «In Wiesbaden hatten wir kein Hebräisch, Herr Lehrer.» Kartagener griff demonstrativ nach der Pfeffermühle und würzte sein Geschnetzeltes kräftig: «Nun denn, Pilpulistik ist die Kunst des gepfefferten Gesprächs. Im Schtetl lernte man das von den reisenden Rebbes, die sich im Lehrhaus mit der Auslegung der Texte überboten. Es gab da Artisten, Jongleure, Trapezkünstler der Rede. Wenn sich die Gaukler und Spaßmacher aber der Pilpulistik annahmen und sie aus der dünnen Luft der Gottesgelehrtheit in die Niederungen der Volksweisheit übertrugen, machte das ganze Schtetl mit. Ein Beispiel: Zwei Schornsteinfeger steigen in einen Kamin. Einer kommt schwarz von Ruß wieder heraus, der andere blütenweiß. Welcher wird sich waschen?» – «Natürlich der Schmutzige», sage ich vorschnell. «Seien Sie nicht so sicher.» Kartagener reibt sich vergnügt die Hände. «Für einen Pilpulisten gibt es mindestens drei, wenn nicht vier Antworten. Überlegen Sie mal bis zur nächsten Stunde.» Wir haben jahrelang zu viert mit Leidenschaft Pilpulistik getrieben. Helmuth hat Kartagener schließlich dazu überredet, einen Aufsatz in der «Zürcher Zeitung» darüber zu schreiben.

Am 28. Dezember 1967 flogen wir mit Kartageners nach Israel. Im Jahr des Sechstagekrieges fielen Chanukka, Weihnachten und das Ende des islamischen Fastenmonats Ramadan ungefähr zusammen, so daß des Feierns im Gelobten Land kein Ende war. Scholems Gastfreundschaft war überwältigend. Als wir am ersten Abend zum Essen in die Abarbarmel Road 28 kamen, saß Fanja, klein und hüftleidend, vor dem Herd und rührte etwas mit einem Kochlöffel, dessen Stiel sie überragte. Der Herr des Hauses empfing uns vor seinen wandhohen Bücherregalen, deren schwarzgebundene, mit weißen Schildern versehene Bände einschüchternd wirkten. Zur Erleichterung der Kommunikation zwischen den Eheleuten standen alle Türen offen. In einem kleinen Raum zwischen Arbeitszimmer und Küche hing über einer Liege Klees «Angelus Novus», Walter Benjamins Vermächtnis an Scholem. «Darunter schlafe ich», trompetete Frau Fanja und fügte mit der ihr eigenen Nüchternheit hinzu: «Weil es in diesem Haus die einzige Wand ohne Bücher ist.»

Durch das Fenster strömte Duft von Rosmarin und Salbei, der sich zu dem von Knoblauch und Zwiebel gesellte. Fanja trug Gulasch und Knödel auf. Nach dem Essen kamen sie alle, die Kollegen von der Hebräischen Universität, die Jeckes und die Litwaks, Russen und Polen und Galizier. Sie alle waren mit irgendeiner Argo über irgendein Meer gekommen, und das kleine Haus in Jerusalem weitete sich mir zu einem anderen Long Island.

Es gibt kaum Beschämenderes, als Güte zu erfahren, wo man Gleichgültigkeit, wenn nicht Feindseligkeit erwarten könnte. So hat es mir denn fast gutgetan, daß mich einmal, nur ein einziges Mal, jemand fühlen ließ, daß ich nicht dazugehörte. Am 4. Januar 1967 in einem Restaurant in Tiberias. Scholems Freund Schasar aus Berliner Studienzeiten, Philosoph und Historiker, Weißrusse und ein Jahr vor Scholem mit der zweiten Alija nach Jerusalem gekommen, hatte uns vier aus Zürich, Scholems, den Pädagogen Ernst Simon, den wir oft bei Julie Braun

Vogelstein in New York getroffen hatten, und noch zwei oder drei andere Paare zum Nachtessen eingeladen. Er war damals Staatspräsident, gab sich aber ganz schlicht und sah aus wie einer unter anderen Gelehrten. Er begrüßte Helmuth wie einen guten Bekannten und verwickelte ihn und Kartagener ebenso gewandt wie bewandert in lebhafte Gespräche. Ich saß schräg gegenüber und hörte zu, als mich jemand unsanft am Arm berührte. Hinter mir stand die Wirtin, eine monumentale Dame, die mir in unverfälschtem Ostpreußisch ins Ohr sagte: «Glauben Sie, daß Hindenburg mich an seinem Tisch geduldet hätte?» Nein, das glaubten wir leider beide nicht. Hatte irgend jemand das kurze Zwiegespräch gehört? Ich weiß es nicht. Aber Scholem und sein Freund tranken mir gleich danach schweigend zu.

Wir fuhren von Tiberias in einem jener Sammeltaxis zurück, mit denen man damals das ganze Land auf die billigste Weise bereisen konnte. Wir waren früh aufgestanden, weil wir unterwegs viel sehen wollten und vor Anbruch des Sabbats in unserem Hotel in Jerusalem sein mußten. Wir unterbrachen in Safed, der Stadt der Kabbala, deren neunhundert Meter über dem Meer aufragenden Kegel mit den drei Synagogen über den schluchtartigen Gassen wir zu Fuß erklommen. Wieder fühlte ich mich als Eindringling, dem der Boden unter den Füßen brannte. Aber nicht der Boden, der Himmel brannte.

Auf der Terrasse ganz oben sah man manieristisch wabernde Farben. Aus der Finsternis über den Höhen im Norden löste sich ein Platzregen. Ein Greis mit Silberbart winkte uns in eine der Synagogen. Und dort war es, wo der Genius loci über Gershom Scholem kam. Er erzählte, wie nur er erzählen konnte, enthusiastisch und genau. Er führte uns in diese «heilige Stadt der Kabbala», in das 16. und 17. Jahrhundert. Ich sah «die Gemeinde der Heiligen» und die großen, weisen Kabbalisten in ihren Lehrhäusern. Ich hörte sie, wie sie den Pilgern in der Not der Vertreibung aus Spanien den Trost der heiligen Bücher spendeten, bis Sabbatai Zwi, der falsche Messias, das Volk Gottes in die Irre führte. So habe ich Gershom Scholem nie wieder über sein Forschungsgebiet sprechen hören. Er wirkte wie entrückt.

Auf der Weiterfahrt führten Kartagener und er so tiefsinnige Gespräche, daß selbst Fanja ungeduldig wurde. Wir fuhren eine Weile an bewaldeten Hügeln entlang. An einer felsigen Stelle ließ sie das Taxi halten: «Steigt aus. Ich zeige euch etwas, damit ihr auf andere Gedanken kommt.» Wir kletterten eine Weile, bis sie ein paar dichte Zweige zurückschlug: «Auch das ist Israel», sagte sie. Vor uns öffnete sich eine Lichtung, ein ovaler Smaragd, in Laubwald und Unterholz gefaßt. Fanja klatschte in die Hände, und die stille Wiese belebte sich wie auf Zauberwort. Aus dem Gebüsch sprangen Hunderte von Schafen mit ihren Lämmchen, und ein junger Schäfer, nackt bis auf einen Lendenschurz, pflanzte seinen Hirtenstab vor Fanja auf. Sie wechselte ein paar Worte mit ihm, bis er sich tief vor uns verneigte. Auf seinen Wink folgten wir ihm in eine Höhle, in der er mit seiner Herde bei der Mittagshitze gerastet hatte. Er bot uns Brot und Oliven an und kaltes Quellwasser in einem tönernen Krug, aus dem wir der Reihe nach tranken.

«Ich habe noch nirgends so viele schwarze Schafe gesehen», sagte Helmuth mit verdächtig unschuldiger Miene. Ich wußte, Safed, Teil der Welt vor dem Aufbruch des Menschen aus seiner selbstverschuldeten Unmündigkeit, war ihm unheimlich. In der Unschuld der Natur bei Hirt und Herde hatte er seinen Humor wieder gewonnen. Aber was mag in Fanja vorgegangen sein, als sie ihm beifällig zuzwinkerte? «Wirklich, Gerhard», sagte sie, «da oben waren mehr schwarze als weiße Schafe.» Gershom Scholem reckte wie erwachend die überlangen Arme: «Meinetwegen, Fanja. Ihr habt es alle faustdick hinter den Ohren. Bin ich ein Schafzüchter? Laß doch die Gojims die Viecher zählen.»

Die Regie unserer Tage in Israel wurde bestimmt durch Scholems kindliche Freude an der Zusammenführung seiner Zürcher Freunde mit denen seiner Berliner Jugend. Am Morgen vor unserer Abreise sagte er geheimnisvoll: «Das Beste zuletzt.» Er hatte uns und Ernst Simon bei Agnon angemeldet. Fanja hatte etwas anderes vor. Ein kurzer Fußmarsch führte uns zu einem bescheidenen Häuschen, das, von Rosmarin umbuscht, erhöht auf sandigem Gelände stand. Ich hatte vor Jahrzehnten ein Schockenbändchen von S. J. Agnon besessen: «Und das Krumme wird gerade». Der im Legendenstil geschriebene Roman – der erste des Dichters – berichtet von Liebe und Trug, Lug und Verzicht im galizischen Schtetl Buczacz, Agnons Geburtsort. Die Hauptfiguren sind ein frommer Levit, seine Frau, ein Betrüger und ein Totengräber. Mich hatte die Erzählung durch ihre tiefe Menschlichkeit ergriffen. Der Autor hat 1966, zusammen mit Nelly Sachs, den Nobelpreis für Literatur bekommen.

Er saß an einem leeren Tisch, um den grüngestrichene Gartenstühle standen: ein kleiner, runder Greis, der so altmodisch-makellos deutsch sprach wie damals nur noch die alten Gelehrten aus Osteuropa. Scholem behandelte ihn mit eben der Ehrerbietung, die sonst ihm selbst zuteil wurde. Er bat ihn, von den alten Zeiten in Berlin und Bad Homburg zu erzählen. Wir hätten nicht für möglich gehalten, daß Gershom Scholem als Erzähler von irgend jemandem übertroffen werden konnte. Der Strom verebbte erst, als Esther Agnon eintrat, eine zierliche alte Frau in Schwarz mit weißem Spitzenkragen.

«Das ist recht, Estherchen, daß du dich für unsere Gäste geschmückt hast», freute sich der Dichter. «Das Nobelpreiskleidchen», erläuterte er stolz. Frau Agnon stellte sieben kleine Gläser vor uns auf den Tisch, woraufhin ihr Mann sich erhob und ins Nebenzimmer ging. Er kam mit einem Einmachglas und einer Schnapsflasche zurück, fischte mit einem Löffel sieben schwärzliche Früchte, die wie verkümmerte Kirschen aussahen, aus dem Glas, legte feierlich je eine in jedes Glas und goß es dann voll mit dem klaren Schnaps aus der Flasche. «Auf die alten

Zeiten.» – «Gezuckerte Schlehen in Wacholder», jubelte ich, «das kenne ich aus Breslau.» Agnon sah mich gespannt an: «Aus Breslau?»

Ich faßte Mut und erzählte von dem in Breslau gebliebenen Schockenbändchen «Und das Krumme wird gerade». Agnon leerte sein Glas, spuckte den Schlehenkern hinein und ging noch einmal ins Nebenzimmer. Er kam mit dem grünen Schockenbändchen heraus und überreichte es mir mit einem angedeuteten Handkuß. «Abbewundern nennt ihr das bei mir», sagte Scholem: «Aber nun bitte auch die Widmung.» Seither besitze ich die Erzählung mit einer hebräischen Widmung in Agnons winzigen Hieroglyphen. Und wer noch nicht wissen sollte, daß das Krumme der Mensch in seiner ganzen Kläglichkeit und das Gerade der Mensch in seiner ganzen Liebeskraft ist, der lese die Geschichten des großen hebräischen Dichters S. J. Agnon.

Sils-Maria – zum letzten Mal

In unseren Schweizer Jahren verbrachten wir meistens einige Hochsommerwochen im Oberengadin. Wenn es zu heiß wurde am Zürichsee, packten wir Wanderschuhe und Bücher in den «Käfer» und fuhren in wenigen Stunden über den Julierpaß nach Sils-Maria. 1975 – Helmuth war 83 Jahre alt – hatte er auf der Hinfahrt einen leichten Schwächeanfall. Kurz nach der Paßhöhe, die weißen Gipfel der Berninagruppe vor Augen, griff er sich ans Herz und murmelte: «Das bucklicht Männlein...» Ich ließ mir keine Sorge anmerken und schlug eine Pause vor. Wir rasteten eine Weile inmitten von Moos und Geröll unweit römischer Säulenreste. Kein Mensch war zu sehen, kein menschlicher Laut zu hören. Nur die schrillen Pfiffe der Murmeltiere, die einander vor uns warnten, durchschnitten die Stille. Helmuth – «keine Sorge, es geht wieder» – beobachtete, auf den Ellenbogen gestützt, einen Käfer, der, ein Klümpchen Erde auf dem schillernden Panzer, einem Rinnsal zustrebte. «Sieh dir das Kerlchen an», er lachte schon wieder, «hat sich seinen ganzen Globus aufgeladen und schleppt ihn. Komm, keine Müdigkeit vorgeschützt.» Eine Stunde später kamen wir wohlbehalten an in Zimmer drei unseres gewohnten Hotels in Sils-Baselgia.

Am ersten Tag gingen wir wie immer in aller Frühe zum Seeufer. Hinter uns über Muottas Muragl stand die Morgensonne. Die westlichen Firne über Maloja und die Schneegipfel des Piz da la Margna respondierten in allen Farben. Die baumlosen Steilhänge im Norden lagen noch im Schatten, während der Fexgletscher jenseits der dunklen Arvenwälder schon funkelte. Die Spitze der Halbinsel Chastè wies wie ein Finger auf eine verborgene Ziffer im See. In dessen Mitte, etwa auf der Höhe des Weilers Isola im jadegrünen Schwemmland, schienen sich die kantigen Konturen der Ufer zu vereinigen: ein Anblick von unbegreiflicher Harmonie, bei dem kein Lidschlag Sehen und Fühlen scheidet, der Inbegriff leibhaftigen Glücks. Erst als eine weiße Wolke sich mitten ins Bild schob, gingen wir langsam durch die Wiese zurück.

Etwas später saßen wir auf der Terrasse der Pensiune Chastè nahe der alten Straße, die von Chiavenna kommend am jungen Inn entlang nach Tirol führt. Bis zum Sommer 1971 hatte uns Peter Szondi hier immer zum Begrüßungscafé erwartet. Er war der einzige, mit dem Helmuth ohne mich wanderte, der ihn stützen durfte, als die Kräfte abnahmen.

Die Wirtin brachte wie üblich Café Crème und Engadiner Nußtorte, eine außerhalb der Schweiz kaum bekannte Köstlichkeit aus Mürbeteig, gemahlenen Nüssen und Honig. Gegenüber auf dem steinigen Friedhof der kleinen Baselgia wiegte sich ein blasser Rittersporn im Malojawind, der sein sanftes Kehrwieder blies. Helmuth zündete sich eine Zigarre an: «Laß mich. Es geht mir gut.» – «Wirklich? Wieso hast du dann gestern an das bucklicht Männlein gedacht?» – «Ach, das fiel mir so ein. Szondi hat Löwith und mich damit einmal völlig aus dem Konzept gebracht, als wir über Nietzsche sprachen. ‹6000 Fuß über dem Meer und noch viel höher über allen menschlichen Dingen› hat er aus Sils-Maria an einen Freund geschrieben. Szondis Kommentar: ‹Er hat auf das bucklicht Männlein vergessen›.» – «Hat er das?» fragte ich. «Er hat es hier loswerden wollen.» – «Willst du das auch?» – «Nicht mehr.»

Helmuth blies Rauchringe in die Luft, sah ihnen nach, lauschte und sprach vor sich hin: «Schön, gut und treu, so oft getrennt, geschieden. In einem will ich drei zusammenschmieden.» Shakespeare, 105. Sonett, Celans Übertragung, Szondis Interpretation...

Er hatte uns das an eben dieser Stelle vorgetragen und erläutert. Ich hörte seine Stimme wieder, den kaum merklichen Sprachfehler, den leichten Akzent. Ich befaßte mich gerade mit afroamerikanischer Lyrik, versuchte zu übersetzen. Schob sich deshalb das Bild eines prinzlichen Sklaven, das ich in irgendeinem amerikanischen Museum gesehen hatte, vor das des Freundes: sein ebenmäßiges Gesicht mit der niedrigen Stirn unter mächtigem Haar, die scheuen Augen, wachsam und gut. Er war Ungar und Jude und mit vierzehn Jahren Sklave in Bergen-Belsen. Die Sklavenhalter schlossen ein Abkommen mit der ungarischen Regierung – Juden gegen Kriegsmaterial – und ließen ihn frei. Sein Freund blieb im Lager. Peter Szondi trug seine Freiheit, als sei er schuld am Tode des anderen. Er nahm sich mit 42 auf dem Zenit gelehrten und akademischen Erfolges das Leben. «Zu schön, zu gut, zu treu...» Wir brachen auf und gingen zurück ins Hotel.

In der ersten Woche verhielten wir uns ruhiger als sonst, ließen uns den Tee nachmittags aufs Zimmer bringen und hörten dem russischen Cellisten zu, der, wenn die meisten Gäste unterwegs waren, Suiten von Bach übte. Erst gegen Abend gingen wir ins Dorf, um Bekannte zu treffen, die in anderen Hotels wohnten.

Der enge, von schmucklos grauen Häusern umgebene Dorfplatz von Sils-Maria, an dessen Schattenseite, ortsfremd und kleinstädtisch, das weißverputzte Nietzschehaus liegt, ist um diese Zeit belebt. Vor dem Kiosk drängen sich Tagesgäste mit roten Kniestrümpfen und Bergstiefeln, die, ehe sie in die vor der Post wartenden Autobusse steigen, noch eine Dose Bier oder einen Riegel Toblerone für die Heimfahrt kaufen. Auf der Bank vor der Pensiune Privata sitzen dicht an dicht die Droschkenkutscher und rauchen nach dem Tagewerk – Fahrten ins Fextal und zurück – ihre dünnen Brissagos. Das wenig einladend wirkende Haus – länger als ein Jahrhundert im Besitz der Bündner Familie Bezzola – soll schon Nietzsches Gäste Rée und Overbeck beherbergt haben. Das Gästebuch, so Karl Löwith, der den Genius loci wie kein anderer Philosoph kannte und Stammgast in der Pensiune Privata war, sei so etwas wie ein akademischer Gotha.

Ein alter Bekannter, den wir fast täglich trafen, war der kleine Herr Schalk aus Berkeley. Er war schon fast neunzig und trug immer einen leichten Rucksack. Bis 1933 Rechtsanwalt in Berlin, hatte er das bittere Los emigrierter deutscher Juristen abgeworfen und war Erfinder geworden. Der Erfolg dieses ungewöhnlichen Berufswechsels war, daß er jeden Sommer sorgenfrei in Sils-Maria verbringen konnte. Eines Abends kam er aufgeregt auf uns zu und schwenkte den «Aufbau», die New Yorker Emigrantenzeitung, die während der Saison am Kiosk immer zu haben war. «Den Leitartikel von Manfred George müssen Sie lesen, Herr Professor, und die Reportage aus Börlin natürlich auch.» Er sagte «Börlin» und betonte die erste Silbe, während er Berkeley mit spitzem e und Doppel-r aussprach.

Ihm auf dem Fuß folgte der stattliche Adolf Leschnitzer mit dem «Tagesspiegel». Er lehrte nach Erreichen der Altersgrenze – bis dahin las er deutsche Geschichte an der Columbia University – im Sommersemester regelmäßig am Otto-Suhr-Institut in Berlin. Der preußische Jude, der bis zuletzt an der Hochschule für die Wissenschaft des Judentums in Berlin ausgeharrt hatte, war kürzlich Ehrendoktor der Freien Universität geworden. Auf Berlin ließ er nichts kommen. Er erwog sogar, seinen Lebensabend dort zu verbringen – im Unterschied zu Herrn Schalk, der immer wieder betonte, die Stadt, aus der er verstoßen worden war, nie wieder sehen zu wollen. Oder vielleicht doch?... Die beiden ungleichen Berliner forderten uns zum Campari im Vorgarten des Hotels «Edelweiß» auf, das in diesem Jahr, als sei es seines Namens überdrüssig, viel zu gelb verputzt war. Da sich auch an diesem Abend für und wider Berlin keine neuen Argumente ergaben, verabschiedeten wir uns bald, zumal da es im Freien zum Sitzen allmählich zu kühl wurde.

In der zweiten Woche machten wir etwas längere Spaziergänge. An die Fuorcla Surlej oder den Fornogletscher, ja selbst an Marmorè und den Fußweg ins Fextal war nicht mehr zu denken. Als wir eines Abends aus Richtung Isola auf den Dorfplatz kamen, winkte uns jemand aus einem Fenster der Pensiune Privata: Frau Löwith, deren Mann 1973 gestorben war. Wir waren müde, setzten uns aber zu ihr auf die Bank, die die Droschkenkutscher nach dem Abendläuten räumten. Sie schirrten gerade die Pferde aus. Nur einer hatte noch einen späten Kunden gefunden, einen Herrn mit viel Gepäck und einem schwarzen städtischen Filzhut. Der Gaul trottete langsam den steilen Weg zum Hotel «Waldhaus» hinauf. Ada Löwith sah dem Gefährt nach: «Wissen Sie noch?»

Die Begebenheit, die sie meinte, lag zehn Jahre

zurück. Damals saßen wir alle vier auf der Bank, als ein rundlicher Herr mit schwarzem, städtischem Filzhut im Sturmschritt an uns vorbei und zum Hotel hinauf strebte: Es war Adorno. «Nicht so schnell, Teddy. Das ist ungesund», rief Helmuth ihm nach. «Keine Sorge, ich bin ein Bergmensch. See you later.» Am nächsten Vormittag – wir gingen gemächlich zu Fuß ins Fextal – überholte uns kurz vor dem Hotel «Sonne» eine Droschke. Adorno zog etwas verlegen den Hut: «Ich bin noch nicht ganz akklimatisiert. Heute abend bei euch in der Fischerstube?»

Er kam oft in die Fischerstube, unser Bergmensch. Einmal, Löwiths waren auch gerade da, beklagte er sich bitter: «Ich weiß nicht, was der Kellner gegen mich hat. Ich tue ihm doch nichts. Zu anderen Leuten ist er viel freundlicher.» Karl Löwith machte eine unmißverständliche Bewegung mit Daumen und Zeigefinger: «Na und dies?» – «Das ist Gretels Sache. Ich kümmere mich nicht um Finanzen.» Adornos sind nicht wieder nach Sils-Maria gekommen. In seinen letzten Lebensjahren – er starb 1969 im Rhônetal – verbrachten sie die Ferien im Wallis.

«Morgen abend bei uns in der Fischerstube?» lud ich Frau Löwith ein, als wir uns verabschiedeten. Auf der schnurgeraden Straße kam uns das letzte Postauto aus Maloja mit hoher Geschwindigkeit entgegen. Der Fahrer warnte mit dem melodiösen Posthorn. Links von der Straße in den Wiesen direkt am See kauerte eine kleine, graue Gestalt auf einer Bank, neben sich einen Rucksack. Mich fröstelte. Da unten mußte es doch jetzt schon recht kühl sein. «Der friert nicht», sagte Helmuth. Er zog die Schultern ein, atmete schwer und ging langsamer.

Die Fischerstube in unserem Hotel war den meisten Sommergästen zu rustikal. Bei unseren guten Beziehungen zum Personal war es daher leicht, immer denselben, blankgescheuerten Tisch rechts vom Eingang zu bekommen. Helmuths Platz lag so, daß er den ganzen mit nachgedunkeltem Arvenholz getäfelten Raum übersehen konnte. Über vier kleinen Fenstern zog sich ein Paneel an den Wänden entlang, auf dem allerlei Fischereigerät stand. In den Ecken waren Netze an der niedrigen Decke drapiert. Ein paar alte Stiche mit Ansichten vom Silser See waren der einzige Wandschmuck. Kein Herrgottswinkel, keine Kuckucksuhr, keine Alpenromantik: Schließlich befanden wir uns im Lande des Jörg Jenatsch.

Ada Löwith bekam den Platz zwischen uns vor dem Fenster. «Was haben wir nicht alles an diesem Tisch zusammen erlebt», begann sie. Helmuth ließ keine Wehmut aufkommen: «Drei Dezi Veltliner wie immer?» unterbrach er. «Zwei genügen.» – «Und vielleicht einen Wurstsalat oder einen Schüblig dazu?» Frau Löwith, eine Meisterköchin, sah ihn entsetzt an: «Aber Herr Plessner! Machen Sie sich denn etwas aus diesen eigenartigen Delikatessen?» – «Ich nicht, aber meine Frau vielleicht.» Er hatte gewonnen. Wir lachten und bestellten Bündnerfleisch und Greyerzer Käse.

Karl Löwith hatte Helmuth nach beider Rückkehr

aus dem Exil – das Löwith in Italien, Japan und den USA verbracht hatte – von allen deutschen Kollegen im Fach Philosophie am nächsten gestanden. Ganz abgesehen von beider Herkunft aus Biologie und Phänomenologie: Löwith war genauso uneitel und unpathetisch wie Helmuth. Aus der Vertreibung hatten beide das Beste gemacht, waren Weltbürger geworden und ohne Bitterkeit an die deutsche Universität zurückgekehrt. Und beide hatten Humor, Löwith gelegentlich geradezu schwarzen. Helmuth war von beiden der unbeschwertere.

Frau Ada ahnte nicht, wie oft ihr Mann unter dem Vorwand, fachsimpeln zu wollen, uns in Zimmer drei besuchte. Er wollte nur rauchen, ohne ständig an seine Gesundheit, die wirklich nicht die beste war, gemahnt zu werden. Er hatte im Ersten Weltkrieg einen Lungenflügel eingebüßt. Aber er rauchte, wenn wir zu dritt waren, eine Zigarette nach der anderen. Er rauchte süchtig und inbrünstig, wie nur jemand raucht, der die Weltgeschichte durchschaut hat und kein Heilsgeschehen mehr erwartet. Das Gespräch mit seiner Witwe kreiste natürlich um ihn. Sie erzählte von Erinnerungen, die sie in seinem Nachlaß gefunden hatte, Aufzeichnungen, in denen er ebenso fair wie unbestechlich mit seinem Lehrer und Freund Heidegger abrechnete.

Wir mußten das Gespräch abbrechen, weil Frau Gurwitsch uns erspäht hatte. Ihr Mann war ein paar Jahre zuvor auf dem Weg nach Sils-Maria in Zürich einem Herzschlag erlegen. Seine tatkräftige Witwe machte sich eine Lebensaufgabe daraus, sein philosophisches Erbe zu hüten. Herzensgut, hartnäckig und gewandt – eine delikate Mischung, gegen die aufzukommen nur wenigen gelingt –, verstand sie es von jeher, das kräftig entwickelte Kinn vorgeschoben, jedem Gespräch die ihr genehme Wendung zu geben. Sie und Ada Löwith kannten sich seit vielen Jahren, und so war denn bald nur noch von den Nachlässsen ihrer teuren Verstorbenen die Rede. Helmuth sah mich mit gespielter Verzweiflung an. «Hast du Zahnschmerzen?» fragte ich verständnisinnig. Ada Löwith warf fürsorglich ein: «In St. Moritz gibt es einen sehr guten Zahnarzt.» Raja Gurwitsch jedoch stellte in der ihr eigenen Gradlinigkeit die Frage: «Und *Ihr* Nachlaß, Plessner?» – «Aber ich habe doch noch gar keinen», antwortete Helmuth. In Zimmer drei angelangt, lachte er so fidel wie seit langem nicht.

Auch die dritte Ferienwoche ließ sich angenehm an. Den erfreulichen Auftakt bildete die Ankunft von Hans Mayer, der uns mit ausgebreiteten Armen auf der Treppe entgegenkam: «Endlich wenigstens zwei vertraute Gesichter. Ich bin schon im Dorf gewesen. Ist Sils etwa aus der Mode gekommen in diesem Jahr? Wohl doch nicht. Wie tröstlich.» Er legte die Hand ans Ohr und lauschte: «Der ist also wieder da. Und er wird von Jahr zu Jahr besser.» Der russische Cellist übte eine Bachsche Suite.

Hans Mayer und Helmuth kannten sich seit den zwanziger Jahren, in denen der Student der Jurisprudenz, der später ein großer Literaturwissenschaftler wurde, die spärlich besuchten Philosophievorlesungen des Privatdozenten Plessner in Köln gehört hatte. Ich lernte ihn erst dreißig Jahre später kennen. Mehr oder weniger incognito besuchte er uns von Leipzig aus in Göttingen, einmal zusammen mit dem Romanisten Werner Krauss, der der Widerstandsgruppe Schulze-Boysen angehört hatte. Man sah ihm die Spuren der Folterung noch an. Aber sein Geist war heil geblieben; er sprach gelassen und ohne ideologische Scheuklappen. Auch das lag jedoch schon wieder zwanzig Jahre zurück.

Hans Mayer war längst Ernst Bloch gefolgt und in Tübingen ansässig. Seither kam er jeden Sommer nach Sils-Maria, umschwärmt von Adepten beiderlei Geschlechts und jeglichen Alters. Wir machten mit ihm und einem seiner jungen Freunde, der einen großen Citroën fuhr, einen Ausflug nach Pontresina und ins Unterengadin. Als wir zurückkamen, nahm er mich beiseite: «Passen Sie mir auf Helmuth auf. Er gefällt mir dieses Jahr gar nicht.» Mir gefiel er auch nicht. Wenn wir zu zweit waren, sprach er, was sonst gar nicht seine Art war, viel zuviel von der Vergangenheit.

Und die holte uns in der letzten Ferienwoche ein. Eines Nachmittags wurde uns ein Gast aus Amsterdam gemeldet: Wolfgang Frommel, von dem mir Arvid Brodersen auf Long Island zuerst erzählt hatte. Weil die Fischerstube noch geschlossen war, ließen wir uns den Tee in einen der Gesellschaftsräume bringen. Warum nur ist das Gesicht gerade dieses Besuchers meiner Erinnerung entschwunden? Ich sehe es nur als einen weißen Schatten mit fließendem Umriß vor einer gegen die Mittagssonne schützenden grünen Seidengardine. Auch Helmuth, der holländisch spricht, ist auf einmal fremd. «Nein», höre ich ihn noch sagen, er sei zu alt, um am «Castrum Peregrini» mitzuwirken.

Frommel hatte eine Nummer der 1951 von ihm gegründeten Zeitschrift mitgebracht. Ich blätterte darin, und während Frommel und Helmuth sich unterhielten, ging etwas Unbegreifliches mit mir vor. Aus den bedruckten Seiten sprang mir buchstäblich etwas entgegen, das ich über vierzig Jahre zuvor aus meinem Leben verbannt hatte: der Geist des Georgekreises, der im «Castrum Peregrini» zu neuem Leben erstanden war. Und da stieß ich auch schon auf den Namen jener Frau, die mir, als ich noch Gymnasiastin war, eine Wunderwelt geöffnet hatte: Renata von Scheliha, Gräzistin, Philosophin, in den dreißiger Jahren aus Abscheu ausgewandert, nach dem Krieg in New York zu Hause und nun Autorin der Zeitschrift.

Ich war 1929 bis 1932 oft Gast auf einem ostpreußischen Landsitz, eingeführt von einem von mir vergötterten Mann, der, wie Fräulein Dr. von Scheliha und ihre Freundin, die Frau des Hauses, zum Kreis der späten Berliner Georgejünger um den Platonforscher und Arzt Kurt Hildebrandt gehörte. Die drei lehrten mich, «georgisch» zu lesen, monoton und getragen, was bei meiner unverbrauchten Stimme zur täglichen Pflicht wurde. Mit siebzehn konnte ich «Das Jahr der Seele» und den «Stern des

Bundes» auswendig. In Renatas Berliner Wohnung unter nackten Dachsparren bei Strömen von Tee und umwölkt von Rauch lernte ich, statt zu gehen, zu schreiten und keine Kleider, sondern Gewänder zu tragen. Und ich glaubte der Älteren aufs Wort, daß auch ich nicht zu den «vielen», sondern zu den «wenigen» gehörte, daß ich «auserwählt» sei. Von wem? «Das ist eine alte Geschichte ... und wem sie just passieret, dem bricht das Herz entzwei.»

Als ich das Heft zur Seite legte, sahen mich Zelotenaugen an, fließend umschattet, werbend. Ich stand auf, zog die grüne Seidengardine zurück und schlug einen Spaziergang auf der Chastè vor. «In einer Stunde geht mein Postauto», sagte der Herr, der elastisch aus dem tiefen Fauteuil aufstand.

Ich ließ die beiden vor mir hergehen, Helmuth in der alten Groninger Tweedjacke, in der er auf stundenlangen Wanderungen den «horizontalen Alpinismus» in Holland eingeführt hatte. Der andere, größer, jünger, schlanker unter einem breitrandigen Barett. Das schwenkte er, als er in das Postauto stieg, das vor dem Hotel hielt, und «Daag» rief. «Die holländische Terz», nannte Helmuth diesen Gruß. Die Alpenpost erwiderte ihn mit ihrem melodiösen Echo.

«Der Frommel, ein Menschenfischer», wunderte sich Helmuth abends. «Er hat sich unter der Besatzung großartig benommen, hat Verfolgte, vor allem jüdische Kinder, versteckt. Dabei war er selber gefährdet genug. Er ist ja erst ein paar Jahre nach mir gekommen, hat anfangs in Nordholland gelebt und mich irgendwann aufgesucht. Stilisiert hat er sich allerdings schon immer. Aber das macht nichts. Er glaubt fest an seine jeweilige Mission.» – «Und die Zeitschrift?» fragte ich. «Ist sicher sehr verdienstvoll. Aber mir zu elitär.» – «Und mir zu georgisch», ergänzte ich.

Wir befanden uns mittlerweile seit fast einem Monat «6000 Fuß über dem Meer». Am Sonntag wollten wir abreisen. Helmuths Befinden besserte sich mit jedem Tag, der ihn seinem Schreibtisch näher brachte. Am letzten Abend tranken wir ausnahmsweise eine ganze Flasche Veltliner in der Fischerstube und wollten uns gerade auf Zimmer drei zurückziehen, als noch zwei späte Gäste eintraten: der Herr groß und grau, die Dame braun und rund. Sie setzten sich an den Nachbartisch und bestellten auch Veltliner. «Woher kenne ich den Herrn nur?» grübelte Helmuth. «Ich muß ihn schon einmal irgendwo gesehen haben.»

Der Fremde wirkte auch irritiert und sah immer wieder diskret zu uns herüber. Schließlich erhob er sich, trat an unseren Tisch und sagte: «Ich bitte um Verzeihung, aber sind Sie nicht der Professor Plessner?» Helmuth darauf: «Erraten. Aber woher kennen Sie mich?» – «Aus Utrecht. Ich habe Ihnen vor genau 32 Jahren einen Brief gebracht, von Professor Jaspers aus Heidelberg für seinen Schwager Ernst Mayer.» Helmuth sprang auf, ging ein paar Schritte rückwärts zur Tür und sagte abwesend: «Nicht in Uniform? Sie sind doch Offizier.» – «Das war ich im Krieg. Reserveoffizier. Ich bin Musiker. Mein Name ist Fortner. Und meine Begleiterin ist die Witwe von Enrique Beck, dem Übersetzer von García Lorca.»

«Fortner? Wolfgang Fortner, der Komponist? ‹Die Bluthochzeit›, ‹Don Perlimpin›?» Frau Beck flocht leise ein: «In seinem Garten liebt Don Perlimpin Belisa...» Helmuth war aufgeregt: «Aber warum hat mir der Jaspers denn nie gesagt, wen er mir da geschickt hat! Rätselhaft. Unbegreiflich.»

Wir baten die beiden an unseren Tisch, und während Helmuth mit ihnen von dem großen García Lorca sprach, rollten vor meinem inneren Auge zwei Kurzfilme ab. Im ersten sah ich uns an einem Regentag in der Austraße 126 vor dem Hause Jaspers in Basel stehen. Helmuth wollte mich den Freunden, die er seit seiner Heidelberger Studentenzeit kannte, vorstellen: Mitte Oktober 1952. Frau Gertrud öffnete, tief in Schwarz, überflog mich mit dem Blick einer Oberschwester, der nichts entgeht, und sagte: «Ich hatte immer gehofft, Plessner würde uns eine Holländerin bringen. Aber Sie gefallen mir. Willkommen.» Sie schloß mich in die Arme, liebevoll, ganz die jüdische Mame. Dann führte sie uns an den ovalen Tisch im Wohnzimmer, goß Tee in Meißner Tassen mit Zwiebelmuster, schnitt den selbstgebackenen Napfkuchen an und brach in Tränen aus. Helmuth ahnte nicht, daß ihr Bruder, der Philosoph und Arzt Ernst Mayer, wenige Tage zuvor in Amsterdam gestorben war. Auf der Rückfahrt nach Frankfurt erzählte er mir, Mayer, den er aus seinen Heidelberger Semestern kannte und den er als Denker noch über Jaspers stellte, sei der gute Geist gewesen, der Gertrud und Karl Jaspers zusammengeführt und aus dem Psychiater Jaspers den Philosophen gemacht habe. Als Jude sei er nach Holland emigriert, nach dem deutschen Einmarsch untergetaucht und mit Frau Ella und zwei Kindern heil davongekommen. Als Helmuth nach der Befreiung nach Groningen berufen wurde, hatte er die Familie Mayer aus den Augen verloren.

Der zweite Film spielt ein paar Jahre später in Utrecht. Wir hatten vor einem Vortrag noch Zeit und gingen durch die Gassen der Altstadt rund um die Kathedrale. Auf einmal blieb Helmuth stehen: «Hier! Hier muß es gewesen sein. Da an der Ecke ist ja auch noch der kleine Juwelierladen.» Wir standen vor einem unscheinbaren Haus. Hinter einem der Fenster im zweiten Stock lag eines der möblierten Zimmer, die Helmuth zwischen 1942 und dem Januar 1945, als er in Amsterdam untertauchte, ständig wechselte. Dieses Haus hatte er sich gemerkt, weil er darin Ängste ausgestanden hatte, die ihn bis zur Befreiung umtrieben. An einem dunklen Abend hatte es spät geläutet, und seine verstörte Wirtin hatte einen deutschen Offizier in Uniform in sein Zimmer geführt: «Das ist der Professor, den Sie suchen.» Der Offizier trat gar nicht ein, sondern zog aus der Brusttasche einen dicken Briefumschlag, auf dem mit Schreibmaschine Helmuths Name geschrieben stand. «Das soll ich Ihnen von Professor Jaspers aus Heidelberg übergeben: für seinen Schwager.» Er machte auf dem Absatz kehrt und polterte die steile Treppe hinunter. Der Umschlag enthielt eine große Summe deutschen Geldes. Helmuth kannte zwar das Versteck der Familie Mayer in Amsterdam, aber wie sie erreichen. Sollte er selbst fahren? Die Züge wurden ständig von Polizei und Militär kontrolliert. Oder sollte er einen der Studenten einweihen, die ihn mit Lebensmittelkarten und immer neuen Adressen versorgten. Das bedeutete, zusätzlich jemanden in Gefahr bringen. Helmuth ist selbst gefahren und hat Glück gehabt. Aber er hat ständig befürchtet, der Offizier könnte irgend jemandem von der Sache erzählt haben. Eine ganze Verhaftungswelle wäre die Folge gewesen: in Heidelberg, Utrecht, Amsterdam. Und der Offizier selbst wäre bestenfalls vor ein Kriegsgericht gekommen.

«Haben Sie denn überhaupt gewußt, in welche Gefahr Sie sich begeben haben?» hörte ich Helmuth Herrn Fortner fragen. «Aber warum sonst wäre ich gleich fortgelaufen! Ich hätte mich zu gern mit Ihnen unterhalten, Herr Professor. Ich habe nämlich als Student ‹Grenzen der Gemeinschaft› gelesen.» – «Wenn ich nur wüßte, warum der Jaspers Sie mir vorenthalten hat. Das war doch nicht selbstverständlich.»

In der Nacht schlug das Wetter um. Aus dem Nordosten blies die schwarze Bise, kein Kehrwiederwind... Wir gingen noch einmal zum Ufer. Über Maloja lag Gewölk. Der Piz da la Margna war verhüllt, der Gletscher grau. Die Wipfel der Arven schwankten. Schwarzweiße Wellen wirbelten über die Spitze der Chastè, so daß es schien, als wandere der Zeiger ruhelos von einer unsichtbaren Ziffer im See zur anderen. Wir froren. Zeit zur Heimfahrt. Um zehn war Sonntagsgottesdienst in der Baselgia. Im Vorüberfahren sahen wir Herrn Schalk vor dem Eingang. Er winkte mit dem «Aufbau».

Auf der Paßhöhe hielten wir an. Noch ein Blick zurück. Auf Muottas Muragl und Fuorcla Surlej lag Neuschnee. Vor die Berninagruppe hatte sich eine Nebelwand geschoben.

Den Vormittagscafé nahmen wir in Lenzerheide. Mit der in der Pensiune Chastè war die Engadiner Nußtorte nicht zu vergleichen. Als wir am frühen Nachmittag ins Limmattal hinabfuhren, murmelte Helmuth: «... höher über allen menschlichen Dingen! Als ob wir die nicht überallhin mitschleppten!»

«Wie der Käfer seinen ganzen Globus. Weißt du noch?»

Der letzte Gast

Am Tag nach unserer Rückkehr aus Sils-Maria im Spätsommer 1975 starb Manes Kartagener, der neue Freund. Als bald darauf Bagger den alten Rebgarten unter unseren Fenstern aufwühlten, entschlossen wir uns, wieder nach Göttingen zu ziehen: in ein Altenheim, das ich von gelegentlichen Besuchen bei Freundinnen aus unseren Göttinger Jahren kannte. Als Helmuth den Wald diesseits und die «Gleichen» jenseits des Leinetals wiedersah, sagte er vor sich hin: «Hainbund und Hilbert». Seine Behinderungen hatten so zugenommen, daß wir ohne fachkundige Hilfe nicht mehr auskamen. Die wurde ihm jetzt durch tüchtige Schwestern und Pfleger, die schon zu unserer Enkelgeneration gehörten, zuteil. Sie verwöhnten und verehrten ihn, die jungen Menschen.

Der letzte Argonaut, der uns in Göttingen besuchte, war Gershom Scholem. Sein Gesicht war zarter, sein langer Leib magerer geworden. Aber die

Erzengelaugen strahlten noch immer. Er war voll der Vorfreude auf das neue «Wissenschaftskolleg zu Berlin», als dessen Ehrengast er sich aus Jerusalem aufgemacht hatte. Wie immer hatte ich für Saft und Süßigkeiten gesorgt. Aber er bat nur um frisches Wasser.

Wir saßen eine Weile fröhlich beisammen, und des Erinnerns an die «Geschichten, so unter uns ergangen sind», wäre so bald kein Ende gewesen, hätte ich ihn nicht mit Helmuth allein gelassen. Als ich zurückkam, stand er hoch aufgerichtet vor Helmuths Rollstuhl. Da überkam mich, wie einst auf Long Island, noch einmal ein Déjà-vu-Erlebnis. Vor meinen «anderen Augen» verwandelte er sich in Klees «Angelus Novus», den «Engel der Geschichte».

Als Scholem gegangen war, fragte ich: «Was hat er gesagt, als er so geheimnisvoll vor dir stand?» – «Nichts», war die Antwort: «Ich hatte ihn gerade eben gebeten, mir etwas über meinen kabbalistischen Ahnen, den Rabbi Salomon Plessner, zu erzählen. Aber da kamst du wieder herein.» – «Habe ich euch also gestört?» Helmuth lächelte: «Nein. Es war gut so.» Und dann sagte er, wie nach unserer ersten Begegnung mit Scholem an jenem Abend bei Adornos vor fast dreißig Jahren: «Ein herrlicher Mann.» Und wie immer, wenn ihn etwas seine Beschwernisse vergessen machte, verlangte er nach Musik. «Was möchtest du hören?» – «Das Lied von der Erde.»

Es war Helmuth bestimmt, fast alle Argonauten,

von denen ich berichtet habe, zu überleben. Das Leiden, das Gershom Scholem offenbar schon in sich trug, kam noch vor Weihnachten in Berlin zum Ausbruch, so daß er seine Tätigkeit dort abbrechen mußte. Er ist am 21. Februar 1982 in Jerusalem gestorben.

Helmuth hat die Mühseligkeit der ihm noch verbliebenen Jahre in stoischer Gelassenheit ertragen. Als schließlich die Sprache versagte, blieb die Musik, von jeher für ihn das Summum humanum, die Einheit der Sinne in sprachlosen Räumen. Am Abend, bevor er starb, hörten wir zusammen die «Wandererphantasie» von Schubert und zwei Sätze aus der fünften Symphonie von Mahler. «Geht es dir gut?» fragte ich. Er nickte und lächelte.

Er ist am 12. Juni 1985 in Göttingen gestorben und auf dem Friedhof am Zürichsee in Erlenbach begraben worden.

Helmuth Plessner
Vita

1892	geboren in Wiesbaden
1910–1916	Studium der Zoologie und Philosophie in Freiburg, Berlin, Heidelberg und Göttingen
1916	Promotion zum Dr. phil. in Erlangen
1920	Habilitation in Köln
1926	a. o. Professor in Köln
1933	Entlassung. Emigration nach Istanbul
1934	Berufung als Dozent für Philosophie an die Universität Groningen
1936	Fellowship der Rockefeller Foundation for Advanced Studies
1939	Ernennung zum Professor für Soziologie in Groningen
1943	Entlassung durch den Reichskommissar für die Niederlande Untergetaucht in Utrecht
1945	Untergetaucht in Amsterdam Rückkehr an die Universität Groningen
1946	Ernennung zum Professor für Philosophie in Groningen
1951	Rückkehr nach Deutschland als Professor für Soziologie und Philosophie an der Universität Göttingen
1955	Präsident der Deutschen Gesellschaft für Philosophie
1958	Präsident der Deutschen Gesellschaft für Soziologie
1960/61	Rektor der Universität Göttingen
1962/63	Erster Theodor-Heuss-Professor an der New School for Social Research in New York
1965–1972	Lehrauftrag für Philosophie an der Universität Zürich
1980–1985	Gesammelte Schriften in zehn Bänden (Suhrkamp Verlag, Frankfurt a. M.)
1985	gestorben in Göttingen

Namenregister